몬스터 직원
대처법

오늘도 직원들의 문제행동에 시달린 상사를 위한 즉시 적용 해결책

몬스터 직원 대처법

이시카와 히로코 지음 | 오성원 옮김

매일경제신문사

부하 직원이 몬스터화되는 시대

퇴직한 직원이 변호사를 통해 내용 증명서를 보내왔다. IT 관련 회사에서 프로그램의 개발을 담당했던 이 직원은 입사한 지 몇 달밖에 안 된 중도입사자였다. 근무 중에 컴퓨터 게임을 하거나 지각과 무단결근을 반복하더니 결국엔 무단퇴사를 했다.

프로젝트는 방치되었고 자료가 저장된 파일의 비밀번호도 본인밖에 몰랐기 때문에 인수인계를 받은 직원이 매우 고생했다. 그 직원이 변호사를 통해 주장한 내용은 다음과 같았다.

"상사의 괴롭힘으로 인해 정신적 고통이 심각하여 위자료를 청구한다."

그러나 회사 내부적으로 확인한 결과, 괴롭힘은 사실이 아니었다.

"위자료를 청구하고 싶은 게 누군데…."

인사담당자는 한숨을 쉬었다. 그 직원처럼 무책임하게 업무를 내팽개치고 그것도 모자라 회사 탓을 하며 티무니없는 보상을 요구하는 직원, 생각지도 못한 문제를 일으키는 직원에 대한 상담이 늘고 있다. 도대체 지금 우리 사회에 무슨 일이 일어나고 있는 것일까?

늘어나는 상사들의 고민 상담

"부하가 몬스터화되어서 골치가 아프다", "몬스터 부하가 들어왔는데 어떻게 하면 좋을까요?" 같은 상담을 자주 받는다.

- ☐ 자신이 납득할 수 없는 일은 거부하고 상사의 지시를 따르지 않는다.
- ☐ 개성을 존중해 달라며 규칙을 무시한 채 비상식적이고 제멋대로 행동한다.
- ☐ 상사라는 이유로 명령하는 것은 직장 내 괴롭힘이라며 반론을 제기한다.
- ☐ SNS에 회사의 내부 정보를 올려서 문제를 일으킨다.

이러한 부하 때문에 고민하는 상사가 꽤 많다. 회사는 다양한 개성과 가치관을 가진 사람이 모이는 집단이다. 서로 다양한 가치관을 인정하는 가운데 조직을 원활하게 운영하기 위해 취업규칙 등으로 정해진 것이 있고, 지휘 명령계통을 명확하게 하기 위해 관리직이 존재한다.

부하의 개성은 존중받아 마땅하며, 부하가 충분히 이해하면서 일할 수 있는 환경을 만들어주고 일을 하면서 보람을 찾도록 방향을 제시하는 상사가 있다면 더할 나위 없이 좋다. 상사는 그저 회사에서의 직책일 뿐, 사람으로서의 가치가 부하보다 우위에 있다거나 상사의 말을 무조건 따라야 한다는 의미는 아니다.

그러나 개성 존중, 보람 중시, 평등한 인간관계 등을 잘못 해석하여 결과적으로 이기적이고 무책임하고 오만하고 윤리의식이 결여된 말과 행동을 하는 직원이 적지 않다.

상사가 부하들의 눈치를 보는 구조

왜 부하는 이기적이고 무책임하고 오만하고 윤리의식이 부족할까? 이러한 배경에는 몇 가지 원인이 있다. 먼저 젊은 직원이 몬스터가 되는 데에는 가정과 학교에서의 교육이 큰 영향을 미친다.

요즘 젊은 직원은 어릴 때부터 학교와 가정에서 많은 칭찬을 받으며 자란다. 칭찬 자체가 나쁘다고 할 순 없지만 엄격하게 혼나야 할 때 혼나지 않고 자란 사람이 많다. 또 선생님과 부모가 자신과 대등한 위치에 있다고 여기는 젊은 사람도 적지 않다. 칭찬을 해주지 않아서 불만이고 상사가 하대하며 명령하는 것이 마음에 들지 않는다고 하는 부하도 있다고 한다. 몬스터화는 젊은 사람들 사이에서만 일어나는 현상은 아니다. 이는 세대를 불문하고 상사보다 부하의 입장이 강해진 탓도 있다고 본다.

일본 사회는 노동력이 부족하고 인재 쟁탈전이 치열하게 벌어지고 있다. 이직 시장은 점점 활기를 띠고 부하는 얼마든지 회사를 고를 수 있다. 대부분 상사는 부하의 이직이 자신의 능력 부족으로 비추어질 것을 우려하여 되도록 막고 싶어 한다. 그로 인해 부하의 문제 행동을 강하게 질책하지 못하고 부하가 퇴사하지 않도록 필요 이상으로 부하의 눈치를 보기도 한다. 이러한 잘못된 관리가 부하의 문제 행동을 부추긴다.

직장 내 괴롭힘 방지법을 역으로 이용하는 SNS 몬스터

사회 전체의 준법 의식이 높아졌기 때문에 몬스터 부하 직원들은 자신이 납득하지 못하는 일을 SNS에 올려서 기업을 규탄하기도 한다.

실제로 법령을 위반하는 악질기업을 도태시킬 목적으로 SNS를 이용하면 큰 효과를 얻을 수 있다. 지금까지는 조용히 넘어갈 수밖에 없었던 상사의 괴롭힘이나 부당한 명령도 SNS 등을 통해 세상에 알리는 것으로 기업의 윤리의식을 담보할 수 있게 된 세상이다.

그러나 사실과 다른 일을 SNS에 올리는 직원도 있다. 한쪽의 치우친 의견으로 인해 기업이 과도한 비난을 받기도 한다. 기업은 SNS 등을 통해 퍼진 뜬소문 때문에 피해를 볼 것을 우려하여 인터넷상의 비판에 지나칠 정도로 강하게 대응하기도 한다.

예전에는 직장에서의 인간관계 문제라 할 때 대체로 부하의 입장에 있는 사람이 상담하는 경우가 많았다. 그러나 요즘은 부하 직원을 지적하고 싶어도 직장 내 괴롭힘이라고 하지는 않을까? 부하 직원이 그만두면 자신에게 책임을 묻지 않을까? 자신의 관리 방식에 문제가 있는 것은 아닐까? 하는 불안감 때문에 지도하는 데 있어서 소극적일 수밖에 없고, 적절한 지도 방식을 모르겠다고 고민하는 상사가 압도적으로 많다. 확실한 변화다.

이 책에서는 실제로 필자가 상담했던 다양한 몬스터 직원에 대해 설명하고자 한다. 부하나 동료의 말과 행동 때문에 지금도 고민하고 있는 사람들이 문제를 해결할 수 있는 힌트를 얻길 바란다.

CONTENTS

01 신세대 자기중심적 몬스터 직원

03   윤리의식이 낮은 직원의 멈추지 않는 폭주

사례 1   ●   **부업에 탈세? 이건 불법!**
몰래 부업을 하면서 경비 부정에 탈세까지? '비밀 수입' 몬스터 직원

사례 2   ●   **직장에 피해를 주는 불륜**
고객과 불륜을 저지른 윤리의식 부족 몬스터 직원

사례 3   ●   **회사 경비를 사적인 곳에…**
가짜 영수증으로 경비를 가로채서 유흥업소에 탐진하는 부하

04 역습하는 몬스터 시니어 직원

05 몬스터 부하와 어떻게 함께할 것인가?

01

신세대 자기중심적
몬스터 직원

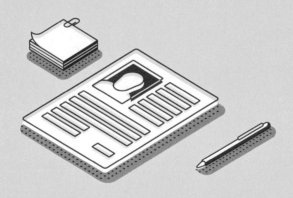

당황스러운 퇴사 통보 방식

인간적인 대화 없이 얼굴도 보지 않고
갑자기 퇴사 통보하는 신입

M부동산은?

창립한 지 30년 된 부동산 회사로 역 주변을 따라 약 10개의 점포를 두고 지역 밀착형 임대 중심 사업을 운영하고 있다. 비교적 여유로운 회사 분위기로 사내 인간관계는 양호한 편이다.

등장인물

A오   대학을 졸업하자마자 입사한 23세 남성 영업사원. 사람을 좋아하고 사교성이 뛰어나지만 업무에서 꼼꼼함이 부족하다.

Y주임   30대 초반의 남성 영업사원으로 A오의 교육을 담당한다. 주변을 잘 챙기고 인내심이 강한 성격의 소유자다.

I지점장   17년차 40대 베테랑 지점장으로 정이 많고 부하에 대한 신뢰가 깊은 믿음직한 상사다.

결근이 잦은 신입,
최대한 배려했지만…

∞

"A오는 아직 출근 전인가? 오늘 거래처 방문한다고 하지 않았나?"

외근 전에 자료를 준비하던 Y주임에게 I지점장이 물었다.

"네 그렇긴 한데…. 아침에 A오에게서 열이 나서 하루 쉬겠다는 메시지를 받았습니다."

I지점장은 "참나, 또?"라며 어처구니가 없다는 듯 말했다. 대학교를 졸업하자마자 입사한 A오는 사교성이 뛰어나고 업무에도 적극적으로 나서서 회사의 기대를 받고 있지만, 배가 아프다든가 집에 물이 샌다는 등의 다양한 이유로 지각과 결근을 반복한다. 어쩔 수 없는 이유라는 것은 알지만 아무리 그래도 그 수가 너무 잦다.

Y주임도 "체력 관리도 사회인의 일이다"라고 기회가 있을 때마다 주의를 주었지만, "네, 명심하겠습니다!"라고 씩씩하게 대답만 잘하고 얼마 지나지 않아 또 쉬는 일이 반복되어 고민하던 참이었다.

어느 날 아침에 지점으로 A오를 찾는 전화가 걸려왔다. 아침 일찍 만나 물건을 보러 가기로 했는데 30분이 지나도 A오가 약속 장소에 나타나지 않는다는 고객의 전화였다. A오가 알려준 번호로 전화를 해봤지만 받지 않아서 하는 수 없이 지점에 전화를 걸었다고 했다. Y주임은 당황하여 A오의 핸드폰으로 전화를 걸었지만 연결이 되지 않았다.

고객은 오늘 일 말고도 그간의 A오의 대응에 대한 불만을 토로했다. 약속한 시간에 전화를 걸어도 받지 않고, 우편으로 보내기로 한 서류를 보내지 않고, 전화로 재촉하면 잊어버렸다고 하면서 제대로 사과를 하지 않는 등 불만이 쏟아져 나왔다. Y주임은 전화로나마 사과의 말을 전하고 이른 시일 안에 회사를 방문하여 정식으로 사과를 드리겠다고 한 뒤 전화를 끊었다.

그런 다음 Y주임은 지점 안에 붙어 있는 영업사원들의 일정표를 확인했다. 오늘 A오의 일정에는 '○○님 방문'이라고 적혀 있었다. 아침 일찍부터 고객과의 만남이 예정되어 있던 것을 확인했다. 출근 시간은 이미 지났고 혹시 사고가 난 것은 아닌지 불안해하던 찰나에 지점으로 전화가 걸려왔다. 발신자는 A오였다.

"A오 지금 어디야? 조금 전 고객이 약속 시간이 지났는데도 나타나지 않는다고 전화가 왔어."

Y주임이 묻자 A오는 잔뜩 잠긴 목소리로 대답했다.

"어제 할아버지가 돌아가셨어요. 그래서 이번 주는 휴가를 쓰겠습니다."

"아, 그랬어? 정신이 없을 법했네. 그래도 그런 일이 있으면 바로 연락을 줘야지. 안 그러면 고객한테도 주변 사람한테도 피해가 가잖아."

"…네, 그런데 너무 충격을 받아서 미처 생각 못했습니다. 제가 어릴 때 할아버지 손에 자라서…."

"그렇다고 아무 말도 없이 안 나오면 모두 걱정하잖아."

A오는 "월요일에 출근하겠습니다" 하고 전화를 끊었다.

어느 날 퇴사 대행 회사에서
걸려온 전화를 받다

다음 주 월요일 출근한 A오에게 Y주임이 말을 걸었다.

"A오, 고생 많았어. 오늘 저녁에 잠깐 시간 좀 내줄 수 있어?"

"네. 알겠습니다!"

할아버지가 돌아가셔서 기운이 없으리라고 생각했으나 평소처럼 밝은 A오의 모습에 Y주임은 의아한 마음이 들었다. 그날 저녁, Y주임은 A오를 이자카야로 불러 이번 일에 대해 말했다.

"좀 괜찮아졌어? 가까운 사람을 잃는다는 건 힘든 일이지. 그래서 주변을 챙기지 못하는 것도 이해는 해. 그렇지만 다른 사람한테 폐를 끼치거나 걱정시키면 안 되는 거야. 먼저 회사에 연락하지 않으면 우리도 어떻게 도와야 할지 모르잖아."

처음에는 묵묵히 이야기를 듣던 A오도 Y주임이 부드러운 어조로 설명하자 나중에는 미소를 지어 보였다.

"앞으로 주의하겠습니다. 열심히 하겠습니다. 계속 지도를 부탁드립니다!"

Y주임도 '그래 아직 학생티를 못 벗었을 테지. 조금씩 가르치면 될 거야'라고 생각하고 다시금 교육 담당으로서의 마음을 다잡았다.

다음 날 아침, 또 출근 시간이 지났는데도 회사에 나오지 않은 A오에게 Y주임은 전화를 걸었다. 그러나 바로 음성사서함으로 연결되었다. 점심시간이 가까워질 때까지 몇 번이고 전화를 걸었지만 한 번도 연결되지 않았다.

연차를 쓸 때는 반드시 연락하라고 바로 전날 말했기 때문에 혹시 무슨 일이 생긴 것은 아닌지 걱정이 되었다. 오후에 외근이 예정되어 있던 Y주임은 조금 일찍 회사에서 나와 A오의 집에 찾아가 보기로 했다.

벨을 눌러도 조용할 뿐 누군가 나올 기색이 없었다. '집에 없나?'라고 생각하며 Y주임은 집 앞에서 잠시 기다리다가 돌아갔다. 외근을 마치고 Y주임은 지점으로 복귀하면서도 A오의 핸드폰으로 몇 번이고 전화를 걸었지만 역시 받지 않았다. '밖에서 사고라도 난 건 아니겠지?', '설마 지금 지점에 있는 건 아니겠지?' 등 여러 생각을 하면서 지점에 돌아오자 I지점장이 굳은 얼굴로 Y주임을 불렀다.

"조금 전에 퇴사 대행 회사라는 곳에서 A오가 앞으로 출근할 수 없으니 퇴사 절차를 진행해달라는 전화가 왔는데 뭐 들은 거 없어?"

Y주임은 놀라며 지난밤에 있었던 일을 I지점장에게 말했다.

"열심히 하겠다고 앞으로 잘 부탁한다고 했는데…."

I지점장도 "퇴사 대행 회사라니 들어본 적은 있는데 설마 그게 우리 회사에서 일어날 줄이야!"라며 당혹감을 감추지 못했다. I지점장과 Y주임은 인터넷으로 퇴사 대행에 대해 검색해 보았다. 수만 엔을 지불하면 당사자를 대신하여 회사에 퇴직 관련 연락을 대행하는 업체였다. 회사와 직접적인 협상 등은 전혀 하지 않고 어디까지나 퇴사 통보만 대행하는 서비스였다.

그 후 퇴사 대행 회사는 "A오의 이직확인서와 원천징수표를 보내 줄 것", "A오가 가지고 있는 건강보험증 등은 우편으로 이번 주 안에 송부하겠음" 등 A오의 말을 대신 전해 왔다. I지점장이 퇴사 대행 회사 담당자에게 A오의 퇴사 사유를 물었지만, '개인적인 사정'이라고만 할 뿐 자세한 사항은 전혀 알려주지 않았다.

이 일이 있고 난 다음 A오가 담당하고 있던 업무에 대응하느라 지점 직원 모두가 눈코 뜰 새 없이 바빴다. 신입이었기 때문에 다행히 담당하던 업무의 양이 많지는 않았다. 하지만 서류나 데이터가 제대로 정리되어 있지 않았고 또 보고하지 않은 안건도 있어서 고객의 문의에 대응하는 데도 크게 고생했다.

몇 개월이 지나고 지점도 드디어 원래의 평온함을 되찾았다. 퇴사 대행을 통해 갑자기 그만둔 A오의 태도에 처음에는 당황하고 화도 났던 Y주임이었지만, 시간이 지남에 따라 뭐라 말할 수 없는 허무한 기분이 들었다.

"돈이 많이 들어도 직접 퇴사 연락을 하고 싶지 않다는 건 저희와 더는 말도 섞기 싫다는 의미일까요?"

쓸쓸하게 읊조리는 Y주임을 I지점장은 위로했다.

"Y주임은 인내심을 갖고 잘 챙겨줬다고 생각해. 요즘 애들은 도통 알 수가 없다니까…."

잘 적응한 것처럼 보이는
신입사원이 갑자기 퇴사하는 심리

　퇴사 의사를 밝혀도 반협박식으로 퇴사를 막는 악질 기업도 있다고 들었다. 그런 경우에는 어쩔 수 없이 퇴사 대행 서비스를 이용할 수도 있다. 그러나 대부분의 평범한 회사는 평소에 아무런 문제가 없어 보였던 직원이 갑자기 퇴사 대행 회사를 통해 퇴사를 통보한다면 영문도 모른 채 충격에 빠진다.

　친구와의 연락도 메신저 등으로 하는 요즘 세대 중에는 말하기 어려운 일을 직접 얼굴을 보고 말하거나 전화로 설명하기 귀찮다고 생각하는 사람도 많은 듯하다. 또 전화와 같은 양방향 커뮤니케이션으로 퇴사를 막으려는 시도를 성가시다고 여기는 사람도 있다. 그로 인해 퇴사같이 귀찮은 일은 많은 돈을 지불해도 괜찮으니 누군가가 대신해 주길 바라는 것이다. 중요한 사항은 상대방의 얼굴을 보고 직접 전달해야 한다고 배운 관리직 세대와 그렇지 않은 요즘 젊은 세대 간에는 이처럼 생각의 차이가 있다.

A오가 왜 퇴사를 했는지 진짜 이유는 결국 알지 못했지만, 앞으로 이러한 일이 점점 더 늘어날 것으로 예상된다. 회사는 갑작스러운 사태에 대응할 수 있도록 정보를 공유하고 업무의 상호 지원 체제를 정비하는 등 유동적으로 대비할 필요가 있다.

이것도 직장 내 괴롭힘?

육아를 핑계로 주변에 일을 떠넘기는 부하,
주의를 주자 "임산부 괴롭힘입니다!"

N광고대리점은?

창립한 지 20년 된 구인광고를 주된 업무로 하는 광고대리점. 종업원 수는 150명 정도고 여성 직원의 비율도 높다. 사내는 자유로운 분위기로 활기가 넘친다.

등장인물

K코 30대 중반의 여성 직원으로 육아휴직에서 복귀하여 육아와 일의 양립을 목표로 하고 있다. 사내에서 발언력이 있지만, 기분파인 탓에 그다지 인망이 높지 않다.

S과장 30대 후반의 남성 직원. 중도 입사자로 K코의 동기다. 일은 잘하지만 사내 인간관계에 무관심하다.

Y미 20대 후반의 여성 직원. K코와 같은 부서의 후배로 성실하고 일도 열심히 하여 상사의 신뢰가 두텁다. K코의 이기적인 행동에 휘둘리는 일이 많아서 K코를 대하기 어려워한다.

육아 때문이면
무엇이든 다 되는 건가요?

◍◍◍

"애가 열이 나는 모양이야. 어린이집에 데리러 가야 해서 오늘은 먼저 가볼게."

점심시간이 되기 전 오전 11시, 광고 원고의 마감에 쫓기고 있던 Y미는 K코의 발언에 기운이 빠지면서도 "알겠습니다. 어서 가보세요"라고 웃으며 대답했다.

K코는 3개월 전에 육아 휴직을 마치고 복귀하여 단축 근무를 하고 있다. Y미도 같은 여자로서 육아와 일의 양립을 위해 노력하는 K코를 응원하고 싶은 마음은 있다. 그러나 아무리 어쩔 수 없다지만 너무하다는 생각이 든다. 아이가 열이 나거나 자신의 컨디션이 좋지 않다는 등의 이유로 자주 회사를 쉬고 지각과 조퇴를 반복하는 탓에 K코의 업무까지 떠맡게 되는 상황이 Y미를

힘들게 했다.

얼마 전에는 아이의 소풍 준비를 핑계로 갑자기 쉬기도 했고 점심시간에 저녁 식사 재료를 사러 가서는 슈퍼마켓에 사람이 많다는 이유로 점심시간이 끝나고 한참 동안 돌아오지 않은 일도 있었다.

'살림과 육아 때문이면 무엇이든 다 허락된다고 생각한다니까!'

Y미는 속으로 불만을 품고 있었다. 그러나 이런 불만을 선배인 K코에게 말하지 못하고 속앓이를 하고 있었다.

매주 목요일은 N광고대리점의 원고 작성 마감일로 그날은 마치 전쟁터와 다름없다. 원고 작성을 담당하는 K코와 Y미도 그날까지 완성해야 하는 원고의 일정에 맞추어 스케줄을 짜서 일하고 있다.

육아휴직이 끝나고 단축 근무를 하는 K코는 S과장의 배려로 담당하는 업무량도 줄이고 만약의 사태에 대비하여 정보 공유도 철저히 하라는 지시를 받았다. 그러나 K코는 자신의 업무에 대해 다른 직원과 전혀 공유하려 하지 않았다.

Y미도 걱정이 되어 "무슨 일이 생기면 제가 대신 할 수 있게 진척 상황을 알려주세요"라고 K코에게 몇 번이나 말했지만, 일이 얼마 없으니 괜찮다는 대답만 돌아왔다. 그리하여 Y미도 계

속 말하지 못하고 막연한 불안감을 가지고 있었다. 마감일인 어느 목요일 아침, K코가 회사로 전화를 걸었다.

"오늘 어린이집에서 파티가 있어서 연차를 사용하겠습니다."

전화를 받은 S과장이 "오늘이 마감인데 갑자기 이러면 어떻게 해. 그런 행사는 미리 알았을 텐데 일찍 말해주면 좋았잖아"라고 강한 어조로 말하자 K코는 분개하며 대답했다.

"일하는 엄마는 어린이집 행사도 참여하면 안 되나요?"

"아니 그런 뜻이 아니잖아. 미리 알았으면 일찍 보고해서 업무를 조정했어야지."

"육아랑 일을 같이하는 건 과장님 생각보다 훨씬 어려운 일이라고요!"

"그러니까 내 말은 그런 뜻이 아니라…!"

K코는 그대로 전화를 뚝 끊어버렸다.

S과장은 어쩔 수 없이 K코가 오늘 휴가라고 Y미에게 알렸다. 그러나 이번만큼은 Y미도 참지 못하고 폭발하고 말았다.

"육아 문제라고 하면 무슨 일이든 다 허락되는 건가요?"

S과장은 늘 온순했던 Y미가 화를 내자 당황했지만, 마감이 코앞이라 Y미를 잘 설득하여 K코가 담당하던 일을 마무리하게 했다. 그러나 평소에 정보 공유를 하지 않는 K코의 자료가 어디에 있는지 알 수 없었다. Y미가 K코에게 연락을 했지만 전화를 받

지 않았다. 우여곡절 끝에 마감 시간 안에 작업을 끝냈고 Y미도 S과장도 한숨 돌릴 수 있었다.

육아하는 여성 사원에게
강력한 주의를 주기란 쉽지 않다

◍

다음날 S과장은 인사부에서 전화를 한 통 받았다. 어제 저녁 K코가 인사부의 직장 내 괴롭힘 상담 센터에 전화를 걸어 S과장의 임산부 괴롭힘에 대한 주의 조치를 요청했다고 했다. K코의 말에 따르면 회사는 여성 사원의 육아와 일의 양립을 추진하고 있는데 관리직의 의식이 부족하여 육아를 위한 연차 사용에 눈치를 준다는 것이었다.

S과장은 놀라서 이번 일이 일어난 경위를 인사부에 설명했다. 그리고 K코가 미리 이야기하지 않고 매번 닥쳐서 휴가를 쓰기 때문에 다른 직원이 피해를 보고 있다고 호소했다.

양쪽의 말이 서로 맞지 않았기 때문에 인사부는 K코의 다른 동료에게도 인터뷰를 진행하기로 했고 Y미도 그 대상이 되었다.

K코의 이기적인 말과 행동에 화가 나 있던 Y미는 지금까지 있었던 K코의 문제 행동을 인사부에 모두 털어놓았다. 그러나 인사 담당자는 의외의 반응을 보였다.

"주변 사람들이 힘들어하는 건 잘 알지만 인사부에서 아이를 키우는 여성 직원에게 주의를 주기가 좀 어려워요. 생각해보세요. 또 직장 내 괴롭힘이라고 일을 크게 만들면 번거로워지거든요."

아이가 갑자기 열이 난다거나 하는 예상치 못한 사정에 대해서는 Y미도 이해한다. 그런데 사전에 일정이 잡혀 있을 법한 어린이집 행사 등을 이유로 갑자기 당일에 휴가를 쓰는 게 불만이라고 말했지만, 인사 담당자는 "아이들은 눈 깜짝할 사이에 자라니까요" 같은 딴소리만 늘어놓았다. 아무리 설명해도 소용없다고 생각한 Y미는 S과장과 의논하여 K코의 담당 업무를 바꾸고 갑자기 휴가를 써도 큰 지장이 없는 업무를 맡게 했다.

그 후에도 K코는 변함없이 육아를 핑계로 갑자기 회사를 쉬거나 일하는 도중에 나가는 등 제멋대로 행동했다. 임산부 괴롭힘의 가해자가 된 S과장과 K코의 일을 대신해야만 하는 Y미를 비롯한 동료들은 괴로워했지만, 회사가 인정한 이상 두고 볼 수밖에 없었다. Y미는 나중에 아이를 낳더라도 되도록 회사에 폐를 끼치지 않게 노력해야겠다고 다짐했다.

"이거 직장 내 괴롭힘인 거 아시죠?"로 협박당하지 않으려면?

많은 사람이 육아와 일의 양립을 두고 고민한다. 아이를 키우는 일은 생각지도 못한 사건의 연속으로 스스로 컨트롤할 수 없는 일이 많이 생긴다. 함께 일을 하는 동료나 거래처, 고객 등 많은 사람의 협조가 필요한 만큼 모두가 곤란한 일을 겪지 않도록 사전에 일정을 관리하는 것이 사회인으로서의 매너다.

기업도 직장 내 괴롭힘에 대해 올바르게 인식하고 객관적으로 판단하는 것이 중요하다. S과장이 K코에게 주의를 준 것은 충분히 그럴 만했고 임산부 괴롭힘에 해당하지 않는다. '직장 내 괴롭힘'이라는 단어가 언급되었다고 해서 한쪽의 말만 듣고 제대로 조사를 하지 않으면 크게 잘못된 판단을 하게 된다.

인사부의 암묵적 동의를 얻은 K코는 점점 더 제멋대로 행동할 가능성이 높다. 먼저 말하는 사람이 이기는 직장은 몬스터 부하를 양성하는 큰 원인 중 하나가 된다.

늘고 있는 SNS 회사 비방

SNS에 퍼진 충격 영상,
회사를 비방하는 글을 올리는 20대 사원

A리스 회사는?

창립한 지 20년 된 오피스 기기 임대 회사. 20대부터 30대 사원이 많고 회식이나 바비큐 파티 같은 사내 행사도 많은 편이다.

등장인물

T다 20대 중반의 남성 영업사원으로 술을 좋아하고 분위기에 잘 휩쓸리는 성격이다. 영업성적은 나쁘지 않으나 사무처리가 서툴고 마감을 잘 지키지 못하여 영업 사무직원들 사이에서 평판이 나쁘다.

H사카 과장 40대 초반의 영업과장으로 T다의 상사다. 아내와 초등학교에 다니는 아이가 있고 일과 가정 모두에서 큰 문제가 없다. 냉철하고 상식이 통하는 인물이지만 소심한 면이 있다.

R코 30대 후반의 여성 직원. 영업사무를 담당하고 있고 마감을 잘 안 지키는 T다로 인해 골머리를 앓고 있다. 남편과 둘이 살고 있으며 부부 사이는 양호하다.

어느 날 메신저로 퍼진
충격적인 회식 영상

∞

"과장님, 잠깐 시간 괜찮으세요? T다 씨 일로 드릴 말씀이 있는데…."

월요일 아침 막 출근한 H사카를 영업 사무팀의 R코가 찾아왔다. R코는 업무에 잔뼈가 굵은 여성 직원으로 영업사무팀의 리더적인 존재다.

'T다가 또 무슨 일을 저질렀나?' T다는 H사카 밑에서 일하는 영업사원인데 사무 처리가 꼼꼼하지 못하여 영업사무팀의 원성을 사는 일이 잦았다. 이번에도 T다에 대한 불만이겠거니 생각하며 R코를 회의실로 데려갔다.

"사실은 지난주 금요일에 있었던 환영식 영상을 받았는데, 이거 성희롱이라고 생각합니다. 이것 좀 보세요."

예상과 다른 말에 깜짝 놀란 H사카는 R코가 내민 스마트폰의 영상을 보았다. 영상 속의 T다는 거의 전라의 상태였고 쟁반으로 중요 부위만 가리고 있었다. 아마도 영업소의 다른 직원이 보내 준 영상인 듯했다.

"저는 금요일에 다른 일이 있어서 환영회는 가지 않았지만, 아마 회식 때 모습을 찍은 것 같아요. 보고 싶지도 않은 알몸 사진을 봐서 정말 불쾌합니다. 이거 엄연히 성희롱이에요. 하지 말라고 해주세요."

H사카도 환영회에는 참석했으나 아내가 감기에 걸려 앓아누운 탓에 중간에 자리를 떠났기 때문에 T다가 어쩌다 알몸이 되었는지는 몰랐다. 그러나 분위기에 잘 휩쓸리는 T다가 취해서 옷을 벗었다는 것을 쉽게 예상할 수 있었다. H사카는 '참, 아직까지 학생도 아니고…'라고 생각하면서도 내심 R코가 과민하게 반응한다고 생각했다.

"알다시피 T다는…. 나쁜 뜻이 있어 그러는 건 아니니까."

H사카가 웃으며 말하자 R코가 버럭 화를 냈다.

"나쁜 뜻이 있건 없건 불쾌한 사람이 있으니까 성희롱이라는 거예요!"

R코의 강한 반응에 당황한 H사카는 일단 T다에게 말은 해두겠다고 하며 R코를 간신히 달랬다.

SNS 때문에 거래처에서
계약 해지 요청을 받다

H사카에게 주의를 받은 T다는 그래도 도통 이해가 되지 않는 눈치였다.

"회식 분위기를 띄우려고 그랬을 뿐이에요. 그리고 여자를 만진 것도 아니고 제 옷을 제가 벗겠다는데 문제될 거 없지 않나요?"

"그래도 네 알몸을 누가 보고 싶겠어. 여성 직원한테 보내도 빈축만 산다고."

사실은 H사카도 내심 R코가 과잉 반응을 한다고 생각했기 때문에 웃으며 T다를 질책했다. T다도 "아니 제 몸을 보고 기뻐하지 않을 여자가 있단 말이에요?"라며 장난스럽게 대꾸했다. "어쨌든 이런 일에 과민하게 반응하는 여성도 있으니까 앞으로 조심하도록 해" 하고 가볍게 주의를 주고 끝냈다.

며칠 후 H사카는 한 거래처의 총무부장에게 전화를 한 통 받았다.

"죄송하지만 이번 달로 귀사와 계약을 끝내고 싶습니다."

자세한 설명도 없이 담담한 어조로 대뜸 하는 말에 H사카는 당황했다.

"잠깐만요. 갑자기 왜 그러세요. 혹시 무슨 일이 있었습니까?"

거래처의 총무부장은 냉정하지만 분노가 섞인 목소리로 이유를 설명했다.

"귀사 영업부 T다 씨의 충격적인 영상이 SNS에 떠돌고 있어요. 회식 영상으로 보이는데…. 저희도 요즘 준법의식을 중요하게 생각하고 있어서 이런 영상을 올리는 직원이 있는 회사와는 거래를 계속할 수 없습니다."

무슨 말인지 전혀 감이 오지 않은 H사카는 문제의 SNS에 관해 물었고 즉시 영상을 확인했다. 문제의 영상은 T다가 개인 SNS에 올린 지난번 회식 모습으로 T다가 전라의 상태로 중요 부위만 쟁반으로 가린 채 막춤을 추는 모습이 찍혀 있었다.

영상 속에는 다른 직원이 박장대소를 하는 모습도 찍혀 있었는데 아는 사람이 보면 A리스 회사의 회식 장면이라는 것을 쉽게 추측할 정도였다.

해당 영상에는 "진짜 대박!" 같은 내용부터 "요즘 같은 세상에 회식 때 아직도 이러는 회사가 있다니…", "이거 성희롱 아닌가? 회사 수준 알 만하네" 등의 댓글이 달려 있었다.

회사 내부 사람들 사이에서 영상이 도는 건 그렇다 치지만 불특정 다수가 볼 수 있는 인터넷상에 영상이 올라갔다면 큰 문제가 된다. 뉴스에서 본 어느 아르바이트생의 '바보 트위터'[1] 문제를 떠올린 H사카는 새파랗게 질렸다.

---

[1] 바보 트위터란 트위터 이용자가 자신의 반사회적 행동을 표출하는 행위로, 음식점 아르바이트생이 업무용 냉장고 안에 누워서 찍은 사진을 인터넷에 올려서 해당 가게가 폐업한 사건 등이 있다.

인터넷 게시판에
회사 욕을 올리는 몬스터 사원

∞

H사카는 즉시 T다가 올린 다른 게시물도 확인했다. 그리고 T다가 다른 사이트의 게시판에 자주 글을 올리고 있다는 사실을 알았다. 해당 게시판도 살펴보니 누가 봐도 T다가 쓴 것으로 보이는 글이 몇 개 발견되었다.

그 글에는 회사의 비방, 동료의 험담이 쓰여 있었다. 일부는 이니셜로 표시되어 있었지만 회사 사람이 보면 어느 회사인지, 누구를 지칭하는지 충분히 알 수 있는 내용이었다.

ID : OOO

같은 회사 R○이란 여자는 성격이 진짜 별로.
벌써 갱년기인지 히스테리 장난 아님.

○코가 회식 사진을 성희롱이라며 상사에게 이른 눈치.
아줌마 주제에 자의식 과잉.

'이런 일이 더 알려지면 큰일이다. 바로 대처해야 해!'

불안해진 H사카는 즉시 인사부에 문의했다. 인사부 직원이 바로 T다에게 청취 조사를 실시하여 올린 글을 모두 삭제하도록 지시했고 징계처분을 내렸다.

T다는 마지막까지 불만스러운 눈치였다. 결국에는 앞으로 업무와 관련된 글을 절대 올리지 않겠다는 서약서를 마지못해 제출했다.

SNS 사고를 막기 위해
할 수 있는 일

　직원의 SNS가 문제를 일으키는 사건이 늘고 있다. 조금만 생각하면 불특정 다수의 사람이 보는 인터넷에 회사에 대한 비방이나 문제 소지가 있는 사진, 영상 등을 올리면 어떻게 될지 알 법도 한데 이런 문제가 여전히 줄지 않는다. 자신의 말과 행동이 다른 사람에게 어떻게 보일지 생각하지 못한 채 지극히 일반적인 윤리의식조차 결여되어 있는 것이다.

　최근에는 신입 사원 연수에서 SNS의 사용법 등을 교육하는 회사도 있다. 상식적으로 아는 일 그러니까 조금만 생각하면 어떻게 될지 알 수 있는 당연한 일로 치부하고 방치하면 생각지도 못한 문제로 발전할 가능성이 있다. 미리 확실하게 대책을 세울 필요가 있다.

남성 육아 분담에는 찬성하지만…

근무 방식 개혁을 비장의 무기로

제멋대로 하는 가짜 육아남 부하

G시스템사는?

창립한 지 20년 된 종업원 수 80명 정도의 시스템 회사. 주로 기업의 시스템 구축 등을 담당하는 하청업체다. 예전에 장시간 노동으로 문제가 되었던 적이 있으나 지금은 준법의식에 따라 철저하게 노무 관리를 하고 있다.

등장인물

H모토 20대 후반의 남성 시스템 엔지니어로 1세, 3세 아이가 있는 육아남 직원. 업무를 제대로 마무리하지 않고 방치하거나 육아를 핑계로 야근을 거부하고 갑자기 연차를 사용하여 주변의 미움을 받고 있다.

S야마 30대 중반의 기술부장으로 H모토의 상사다. 초등학교에 다니는 아이가 있는 아빠지만 일이 바빠서 육아는 아내가 전적으로 담당하고 있다.

Y카와 20대 중반의 여성 시스템 엔지니어로 H모토의 동료다. 책임감이 강하고 일을 열심히 한다. 미래에는 일과 가정의 양립을 목표로 하고 있고 현재 결혼 상대를 찾고 있다.

K시마 40대 남성으로 G시스템사의 거래처 담당자다. 일에서 만큼은 엄격하고 물러섬이 없는 성격으로 거래처에 대한 요구치가 높다.

아이를 핑계로 미팅을
갑자기 취소하는 일을 반복한다

"부장님, 죄송합니다. 아이가 열이 나서 오늘 하루 연차를 사용하겠습니다."

S야마의 핸드폰으로 부하인 H모토가 보낸 메시지가 도착했다. S야마는 '또?'라고 생각했지만, 알겠다는 답변을 보내고 팀 멤버인 Y카와에게 H모토의 휴가를 알렸다. Y카와는 불만에 찬 얼굴로 말했다.

"오늘은 고객이랑 중요한 미팅이 있는 날입니다. 부인이 전업주부시니 하루 정도는 어떻게든 될 거로 생각하는데요."

"어린 애가 둘이나 있으니까 아내도 아마 힘들겠지."

S야마는 Y카와를 달래듯 이렇게 말했지만 자신 역시 내심 같은 생각을 하고 있었다.

"미팅 준비도 자료도 다 H모토 씨가 해서 저는 잘 모른다고요."

Y카와는 S야마에게 호소했다. S야마가 H모토에게 메시지를 보냈지만 바로 읽지 않았다. 핸드폰과 집으로도 전화를 걸어 보았지만 부재중으로 바로 넘어갔다. 하는 수 없이 S야마와 Y카와는 함께 H모토의 컴퓨터에서 자료를 찾아봤지만, 미팅 자료로 보이는 문서를 찾지 못했다. S야마는 어쩔 수 없이 거래처의 K시마에게 H모토의 사정을 설명하고 미팅 일정을 조정하기 위해 전화를 걸었다.

"H모토 씨의 사정으로 미팅 날짜를 미룬 게 도대체 몇 번째인지 아세요? 아이가 아프다면 어쩔 수 없지만 저희도 정해진 스케줄이 있다고요."

K시마는 전화기에 대고 불만을 쏟아냈다. 쩔쩔매며 대신 사과하는 상사의 모습을 지켜보던 Y카와가 S야마에게 "사실은…" 하며 이야기를 털어놓기 시작했다.

"H모토 씨가 담당하는 다른 프로젝트도 몇 갠가 밀려 있는 걸로 아는데 괜찮을까요?"

S야마는 일주일에 한 번씩 부하들의 업무 상황을 파악하기 위해 미팅을 열었는데 H모토는 늘 아무런 문제가 없다고 보고했기 때문에 Y카와의 말을 듣고 S야마는 깜짝 놀랐다. 일단 H모토가 출근하는 대로 확인하기로 했다.

자기 정당화를 위해
다짜고짜 '근무 방식 개혁'을 언급한다

∞

다음 날 출근한 H모토에게 S야마가 밀린 프로젝트에 관해 물었다. H모토는 "일부 밀리기는 했지만 거래처에 납기 변경에 대한 승인을 받았습니다"라며 아무런 문제가 없다고 했다. S야마는 어제 미팅을 연기한 사정을 H모토에게 전했다.

"중요한 미팅이 있으면 계속 연락이 되는 상태로 있어야 하고 또 어떻게 대응해야 할지 다른 사람에게 전달하지 않으면 안 돼. 자료가 어디에 있는지도 모르고 미팅 준비가 어디까지 됐는지도 모르고 모두가 피해를 봤어."

그러자 H모토가 대뜸 화를 내며 반론했다.

"아이를 병원에 데려갔다가 간호하느라 메시지를 확인하거나 전화받을 여유가 없었습니다! 휴가를 쓴 직원한테 연락하는 쪽이 오히려 이상한 것 같은데요?"

S야마는 H모토의 말에 반론했다.

"갑자기 휴가를 쓰려면 주변 사람이 곤란하지 않게 항상 정보를 공유하거나 최소 인수인계를 위한 연락은 해야 하는 법이야."

H모토는 S야마의 말을 이해하지 못하는 것 같았다.

"정부는 다양한 근무 방식을 추진하기 위해 개혁에 힘쓰고 있는데 이 회사는 아이가 열이 나든 말든 출근해야 한다는 말인가요?"

H모토는 논점을 흐리며 반론을 제기했다. S야마가 몇 번이고 그런 뜻이 아니라 최소 주변에 폐는 끼치지 말아 달라는 의미로 한 말이라고 설명했지만, 듣지 않고 마치 모든 일의 해결책인 것처럼 '근무 방식 개혁'을 언급했다.

S야마도 좀처럼 이견이 좁혀지지 않는 대화에 점점 대꾸할 의지를 잃었고 "아무튼 K시마 씨한테 전화해서 사과하도록 해"라고 말한 뒤 그대로 외출했다.

인수인계를 하지 않은 채
돌연 무단 퇴사

∞

몇 주가 흐른 어느 날 아침 S야마는 H모토에게 문자메시지를 하나 받았다. 또 지각이나 연차를 쓰겠다는 연락이겠거니 생각하며 메시지를 확인하자 놀랍게도 퇴사를 알리는 연락이었다.

"회사의 방향성에 대해 이해가 되지 않고 몸 상태도 좋지 않아서 오늘 자로 퇴사하겠습니다. 병원에 갔더니 업무 스트레스로 우울 증상이 있다고 진단받았습니다. 사직서와 인수인계서는 제 컴퓨터 안에 있습니다."

놀란 S야마가 팀 멤버인 Y카와에게 이 사실을 전하자 Y카와는 바로 H모토의 컴퓨터를 켰다. 컴퓨터 안에서는 '사직서', '인수인계서'라고 적힌 파일이 있었고 사직서에는 오늘 자로 퇴사한다는 내용이 적혀 있었다. 그러나 인수인계서에는 구체적인 내용이 아무것도 적혀 있지 않고 단순하게 '○○사의 □□프로젝트 진행 중 납기 △월 △일'이라고 진행 중인 프로젝트명과 납기만 기재되어 있었다. Y카와는 화가 난 나머지 목소리를 높였다.

"참나, 장난치는 것도 아니고 너무한 거 아닙니까? 이게 무슨 인수인계예요!"

S야마도 어이가 없었다. H모토는 리더로서 팀 프로젝트를 맡고 있었고 몇 개의 작은 프로젝트도 혼자 담당하고 있었다. 혼자 담당하는 프로젝트에 대해서는 H모토 이외에 그 누구도 내용을 알지 못했다. S야마와 Y카와가 돌아가며 H모토에게 연락을 해봤지만 메신저는 이미 차단된 것 같았고 전화도 연결이 되지 않았다.

어쨌든 바로 업무 상황을 파악해야 했기에 S야마는 Y카와에게 H모토가 담당하던 업무 조사를 지시했다. Y카와가 H모토의 컴퓨터에 있는 데이터와 자료, 메일 이력을 찾던 중 H모토의 메일함에서 놀라운 것이 발견되었다. 메일을 주고받은 상대는 헤드헌터로, 그 담당자에게 이직 상담을 하고 있었다.

"지금 회사의 근무 환경은 최악이고 몸이 안 좋아도 쉬지 못하고 장시간 노동을 강요당했다."

"이직처가 정해지면 바로 퇴사할 수 있다. 이 악질기업에는 일말의 미련도 없다."

또 사내 그룹웨어 시스템에서는 다른 지점의 동기와 나눈 S야마에 대한 불만과 자신의 업무에 대한 무책임한 태도를 알 수 있는 메시지도 있었다.

"거래처 K시마, 아주 짜증 남. 프로젝트 일부러 손 안 대고 방치할 예정ㅋㅋ"

"인수인계는 무슨, 어차피 책임은 S야마가 질 텐데. 나는 심신 불안으로 급히 퇴사 예정"

S야마는 분노로 몸이 떨렸지만 당장 납기를 앞둔 안건에 대해 서둘러 대응해야 했다. 그런 와중에 거래처 K시마로부터 H모토 앞으로 전화가 걸려왔다. 할 수 없이 H모토 대신에 S야마가 전화를 받았다.

"S야마 씨 부탁드린 안건 말인데요. 일정에 문제없는 거죠? 내일이 마감인데 H모토 씨는 아무런 연락도 없어서 불안해서 전화했습니다."

S야마는 도저히 해결할 방법이 없다고 판단되어 K시마에게 상황을 설명하고 지금 남은 직원으로 책임을 지고 처리할 테니 납기를 조금만 미뤄 달라고 부탁했다. K시마는 상당히 화가 났지만 이제 와서 다른 회사에 의뢰할 수도 없었기 때문에 일주일의 시간을 주기로 했다.

S야마와 Y카와를 비롯한 다른 멤버는 일주일간 거의 밤을 새

어가며 작업해야 했고 미뤄진 납기에 간신히 맞출 수 있었다. 그 후에도 한동안 H모토의 뒤처리로 극심한 혼란을 겪었다.

훗날 H모토가 G시스템사의 경쟁사 중 하나인 모 시스템 회사로 이직한 사실을 알았다. 게다가 거래처를 구슬려서 G시스템사가 수주한 안건을 가지고 이직한 것 같았다.

무책임하고 이기적인 H모토의 일을 교훈 삼아 S야마는 팀 안에서의 정보 공유 등의 구조를 철저하게 재검토하기로 했다. '결과적으로는 무책임한 사람이 그만둔 걸 다행이라고 해야 하나?' S야마는 복잡한 기분이 들었다.

'의무를 다하지 않고 권리만 주장하는 부하' 어떻게 하면 될까

근로자 개개인의 사정에 맞추어 다양한 근무 방식을 고를 수 있는 회사를 실현하기 위한 근무 방식 개혁을 목표로 장시간 근로 문제를 해결하고 공정한 대우 확보 등 여러 법 개정이 이루어지고 있다. 물론 법률로 정해진 노동자의 권리를 회사는 당연히 지켜야 한다. 그러나 그렇다고 해서 주어진 업무에 대한 책임을 포기해도 된다는 의미는 아니다.

신입 사원이면 사회인으로서의 업무 진행 방식이나 책임 등에 대한 교육이 필요하다. 그러나 이미 사회인으로서 몇 년 동안 경험을 쌓았더라도 이러한 사실을 인지하지 못하는 사람도 있다.

이런 유형의 부하가 있는 경우 상사 입장에서는 매우 불안하고 머리가 아프다. 책임감이 없는 부하의 경우 어쩔 수 없이 중요한 업무를 맡기지 말고 업무 관리와 진행 상황을 꼼꼼하게 확인할 필요가 있다.

또 상사는 이런 부하의 보고를 그대로 믿지 말고 때때로 자신의 눈으로 직접 확인해야 한다. 타인의 성향을 바꾸기는 어렵다. 부하 자신의 책임 범위 안에서 확실하게 업무를 수행할 필요성을 가르치면서 현실적으로 큰 문제로 발전하지 않는 구조를 만들 필요가 있다.

아는 척, 잘난 척 몬스터

경력에 도움이 되는 일만 하는
자의식 과잉 몬스터 직원

Y세무사무소는?

중소 영세기업부터 상장회사까지 폭넓은 고객에게 업무를 제
공하는 세무사무소. 기장 대행과 세무신고 등 일반적인 세무업
무는 물론이고 중소기업을 대상으로 컨설팅 업무도 제공한다.
직원은 20대부터 30대를 중심으로 약 40명 정도다.

등장인물

S키 30대 초반 여성 직원. 대학 졸업 후 Y세무사무소에 입사
하여 세무사 자격을 취득했다. 친절하고 배려 깊은 업무
태도에 고객의 신뢰가 두텁다. 올해부터 신입 사원의 교
육도 담당하게 되었다.

M하라 올봄 대학을 졸업하고 Y세무사무소에 입사한 신입 남성
직원. 재학 시절 사업을 한 경험이 있다. 자기계발서를 읽
거나 비즈니스 세미나에 참가하는 것을 매우 좋아하는
이른바 '자의식 과잉족'이라고 할 수 있다.

K다 올봄 전문대를 졸업하고 Y세무사무소에 입사한 여성
직원. 전문직이 되기 위해 세무사 자격 취득을 목표로
하고 있다. 동기인 M하라 같은 유형의 사람을 대하기
어려워한다.

Y카와 Y세무사무소의 소장. 회사에 다니면서 세무사 자격을
취득하여 20대에 세무사무소를 개업했다. 밝고 대범한
성격으로 업무 실적도 착실하게 쌓고 있다.

실수를 지적하면
"이런 단순한 일은 AI로 대체할 수 있어요!"

"역시 세무사무소는 이제 한물갔지. 여기 다니는 건 어디까지나 컨설턴트가 되기 위한 하나의 단계일 뿐 큰 의미 없어."

K다는 퇴근길에 동기인 M하라에게 붙들려 들어간 카페에서 한 시간 가까이 M하라의 이런저런 커리어 계획을 일방적으로 듣고 있자니 진절머리가 났다.

올봄 각자 대학교를 졸업하고 Y세무사무소에 입사한 K다와 M하라는 동기가 단둘이라는 이유로 같이 행동하는 일이 잦다. M하라는 학창 시절에 사업을 한 경험이 있어서 "벤처기업 ○○ 사의 사장과 아는 사이이다", "□□이업종 교류회에서 △△씨와 새로운 비즈니스 모델에 대해 이야기를 나눴다" 같은 말을 자주 한다.

지극히 평범한 전문대를 졸업하고 전문직에 종사하고 싶어서 Y세무사무소에 입사한 K다로서는 딴 세상 이야기일 뿐이다. 처음에는 그저 M하라의 이야기에 감탄했던 K다지만 점점 지겨워지기 시작했다. K다는 '세무사무소가 한물갔다고 생각하면 다른 업계에 취직하지'라는 생각을 하면서도 가만히 M하라의 이야기를 들었다.

한편 올해부터 신입사원의 교육을 담당하게 된 S키는 고민이 있다. 신입사원 두 명 중 여성인 K다는 구김 없는 성격에 기억력이 좋고 사무 처리도 신중하고 정확하다. 한편 남성인 M하라는 활발하지만 섬세함이 부족한 탓에 숫자를 잘못 입력하거나 오류를 발견하지 못하는 등의 실수가 눈에 띄어 업무를 맡기기 어렵다. 그러나 더 큰 문제는 주의를 주면 꼭 핑계를 댄다는 것이었다.

"M하라 씨, 여기 숫자 틀렸으니까 고쳐줄래요?"

S키가 잘못된 부분을 지적하고 수정을 지시했다.

"이런 걸 굳이 입력해야 하는 시스템이 문제예요. 앞으로 이런 단순 업무는 AI가 대신하게 될 거예요."

M하라는 이런 식으로 얼렁뚱땅 화제를 바꾸고 절대 사과를 하지 않는다.

"아직까지 우리 사무소는 그런 시스템이 없으니까 일단 다시 입력해줘요."

　S키가 다시 말하면 그때서야 불만스러운 얼굴로 말없이 작업을 시작했다. M하라의 이런 태도에 S키는 어떻게 교육을 해야 할지 고민이 되었다. 이러한 고민을 Y카와 소장에게 상담했지만, "아직 어리잖아. 앞으로 잘하겠지"라고만 할 뿐 진지하게 받아주지 않았다. 책임감이 강한 S키는 무엇이 문제인지 고민이 깊어졌다.

얕은 지식을 가지고 잘난 척하며
고객 앞에 나서다

그러던 어느 날 6개월간의 사무소 내의 연수를 마친 신입사원 두 명은 S키가 담당하는 거래처에 함께 방문하기로 했다.

"오늘은 고객과 미팅하는 모습을 지켜보도록 해. 질문은 사무소에 돌아와서 받을 테니까."

S키는 미리 신입사원 두 명에게 주의사항을 말해 두었다. 그러나 막상 미팅이 시작되자 M하라가 갑자기 자신의 의견을 피력하기 시작했다. 업무 성과가 처음 계획한 만큼 나오지 않는다고 상담하는 고객에게 "잠시 괜찮을까요?" 하고 M하라가 불쑥 대화에 끼어든 것이다.

"숫자에 대해서는 책임을 지겠다는 강한 의지가 절대적으로 중요합니다. 여러 방안을 검토하고 계신 것 같은데 먼저 '0'에서 시작해 보면 어떨까요?"

갑작스러운 발언에 S키도 고객도 당황했다. S키가 오늘은 일
단 고객의 상황을 파악하고 개선 방안 제안은 다음 미팅에서 검
토할 예정이라며 살며시 주의를 주어도 경영은 스피드가 생명이
라며 멈추지 않고 얕은 지식을 열심히 늘어놓기 시작했다. 고객
의 불쾌한 표정에 S키는 식은땀을 흘리며 개선 방안은 다음에 다
시 이야기하기로 하고 급하게 미팅을 끝냈다.

"M하라 씨, 무슨 생각이에요? 오늘 미팅은 일단 지켜만 보라
고 말하지 않았나요?"

미팅을 마치고 돌아오는 도중에 S키는 폭발하고 말았다. 그러
나 M하라는 반성하는 기색 없이 "고객에게 유익한 정보를 주는
게 프로의 역할이라고 생각합니다"라고 반론했다.

"M하라 씨는 아직 입사한 지 몇 달 되지 않았고 지식도 기술
도 완벽하지 않아요. 프로 의식도 좋지만 자신의 입장과 능력을
넘는 말과 행동은 용납할 수 없어요!"

M하라는 S키의 주의를 들으면서도 마음속은 불만으로 가득
찼다. 그날도 M하라는 퇴근길에 K다를 카페로 불러 S키에 대한
불만을 쏟아냈다. 이번에는 K다도 오늘 있었던 M하라의 말과
행동을 이해하기 어려웠기 때문에 M하라의 말에 반박했다.

"S키 선배 말대로 우리는 아직 부족한 사람이야. M하라 씨가

자의식이 높은 건 좋다고 생각하지만 먼저 주어진 일을 제대로 할 수 있게 되는 게 중요하지 않을까?"

그러자 M하라는 "K다 씨는 자존감이 낮네"라고 하며 이번에는 K다를 비꼬기 시작했다. K다는 화가 나서 "어쨌든 S키 선배한테 사과해야 한다고 봐"라고 말하고 카페를 나왔다.

주어진 일을 하지 않고
멋대로 고객의 중요한 정보를 분석

다음 날부터 M하라는 S키가 시킨 일을 지금보다 더 가려서 하기 시작했다. 신입사원이 담당하는 숫자 입력이나 파일링 등의 업무는 K다에게 떠넘기고 마음대로 고객의 중요 정보를 분석했다. 그리고 다른 선배가 시키는 일 중에서도 거래처 미팅에 동행하거나 보고서를 제출하는 업무 등에는 적극적으로 나섰지만, 재미없거나 단순 작업 업무는 자신의 경력에 도움이 되는 일에 집중하고 싶다며 거부했다.

S키는 몇 번이나 M하라에게 주의를 주고 조언도 하면서 어떻게든 개선될 수 있게 신경을 썼다. 하지만 M하라는 전혀 들으려고 하지 않았다.

"이직하려고 합니다. 이번 주까지만 나오고 퇴사하겠습니다."

어느 날 M하라가 불쑥 S키를 찾아와 말했다. SNS를 통해 어쩌다 알게 된 사람이 경영하는 벤처회사로 이직한다고 했다. M하라는 이직할 회사는 경영자가 30대고, 젊은 직원이 성장할 수 있는 환경이라며 잔뜩 들떠 있었다.

S키와 K다는 물론 다른 직원도 갑작스러운 일에 놀랐지만 내심 안심했다. M하라는 자신이 좋아하는 일만 골라 하면서도 정해진 절차를 따르지 않아서 실수하거나 지식도 경험도 부족한 주제에 고객에게 허세를 부리며 가르치는 통에 클레임도 많았기 때문이다.

동기가 퇴사하고 신입사원이라곤 K다 혼자였지만 S키의 열정적인 가르침으로 점점 성장했다. 자신도 열심히 일을 배우면서 점차 재미를 느끼고 더 성장하고 싶다며 세무사 자격증을 따기 위해 학원에 다니기 시작했다.

한편, K다는 한동안 M하라와 연락을 하지 않다가 오랜만에 SNS에 올라온 게시물을 통해 M하라의 최근 소식을 알게 되었다. 이직한 벤처회사에서는 이미 퇴사했고 다음에는 사업을 목표로 해외 투자가를 만나러 가는 듯했다.

자의식이 높은 부하
활용하는 방법

M하라와 같이 이른바 '자의식 과잉족'은 이상적인 자신과 주변에서 바라보는 자신의 모습 사이에 존재하는 차이를 스스로 인지하지 못한다. 그저 '나는 뛰어나다', '누군가에게 인정받고 싶다' 같은 인정 욕구가 몹시 강한 사람이다. 이런 종류의 사람이 부하직원이 되면 M하라처럼 일을 가려서 하거나 인정받지 못하면 주변을 무시하는 일도 생겨서 상사로서는 매우 성가시다.

한편으로 이들은 자신이 충분히 이해한 일에 대해서는 노력을 아끼지 않고 최선을 다한다는 장점도 있다. 따라서 의식이 높다는 사실을 인정해주고, 신뢰 관계를 미리 구축할 필요가 있다. 그다음 업무 하나하나에 의미를 부여해서 전달하고 상대방의 성장하고자 하는 의욕을 좋은 방향으로 이끌어주면 생각지도 못한 대박을 터뜨리기도 한다. 몬스터 부하의 단점은 장점이 될 수도 있는 것이다.

이건 사내 연애도 아니고…

일방적으로 이성에게 집착하는
브레이크 없는 스토커 사원

N정밀기계는?

창립한 지 60년 된 정밀기계 제조회사. 종업원 수는 약 150명이고 그중 여성 직원의 비율은 10% 정도. 회사 분위기는 비교적 보수적인 편이고 운동회나 사원 여행 등 사내 행사가 많다.

등장인물

R코　대학을 졸업하자마자 입사한 20대 중반의 여성 직원으로 남성 비율이 높은 부서의 홍일점이다. 센스가 좋고 밝은 성격 때문에 부서에서 인기가 좋다.

Y카와　입사 10년차 30대 초반의 남성 직원. R코와 같은 부서로 R코에게 호감이 있다. 업무에서는 성실하지만 사교성이 부족하다.

S야마 과장　40대 초반의 남성으로 R코와 Y카와의 상사다. 호탕하고 주변을 잘 챙기는 성격이다. 아내와 초등학교에 다니는 아들이 있다.

O누마　R코와 입사 동기인 20대 남성 직원. R코와 부서는 다르지만 동기다 보니 사이가 좋다. 그러나 서로를 이성적으로 전혀 의식하고 있지 않다.

'조용히 일 잘하는 사원'의
숨겨진 얼굴

∞

"Y카와 씨가 끈질기게 연락해서 너무 불편해. 어떻게 하면 포기하려나."

업무를 마치고 동기인 O누마를 이자카야로 불러낸 R코는 잔에 담인 맥주를 단숨에 비우고 잔뜩 화가 난 채로 O누마에게 고민을 털어놓았다.

R코는 지난달 같은 부서에서 일하는 열 살 정도 나이가 많은 Y카와에게 고백을 받았지만, 이성으로 보이지 않는다고 딱 잘라 거절했다. 그러나 그 후에도 Y카와는 "포기가 안 된다", "자신을 봐줄 때까지 노력하겠다"며 끈질기게 메시지를 보내고 전화를 해서 R코는 몹시 난감한 상황에 처해 있었다.

"네가 조금 더 확실하게 거절해야 Y카와 씨도 포기가 쉽지 않겠어?"

O누마의 성의 없는 대답에 R코가 버럭 소리를 높였다.

"몇 번이나 확실하게 거절했다니까! 이러는 거 민폐라고 그랬는데도 집요하게 연락한다고. 나 어쩌면 좋지?"

R코는 분개하며 다시 맥주잔을 비웠다.

"그렇게 화내지 말고 진정해. 그런데 역시 과장님한테 말하는 편이 좋을 것 같아. 지금 약간 스토커 같긴 하거든."

O누마는 R코를 위로하며 말했다.

"역시 그 편이 좋겠지?"

R코는 잔에 맥주를 따르며 말했다. R코는 잠시 생각에 잠겼다가 다시 입을 열었다.

"사실 얼마 전에 Y카와 씨가 우리 집에 찾아왔어."

R코는 한숨을 내쉬고 그때의 상황을 설명하기 시작했다. 2주 전쯤 너무 집요하게 연락을 하길래 전화와 메시지를 무시하고 있었는데 주말에 현관문의 벨이 울려서 R코의 모친이 나가 보니 Y카와가 찾아왔다는 것이었다.

"뭐라고? 진짜로? 왜 왔대?"

이 이야기엔 O누마도 깜짝 놀랐다.

"왜 왔는지는 나도 모르지. 엄마한테는 내가 두고 간 물건이 있어서 전해주러 왔다고 한 모양이더라."

"그래서 어쩔 수 없이 현관에 나갔는데 왜 연락을 무시하냐고 그러잖아. 진짜 무서웠어."

Y카와는 앞으로 연락을 무시하지 않겠다고 약속하지 않으면 가지 않겠다고 버텼으나 겨우 설득하여 돌려보냈다고 했다.

"그건 좀 너무한데?"

O누마도 할 말을 잃었다. 조금 전까지만 해도 기세 좋게 목소리를 높이던 R코가 희미하게 눈물을 보였다.

"이제는 회사 가기도 싫어."

평소 비교적 당찬 성격인 R코가 이 정도로 고민하는 모습에 안타까워진 O누마가 말했다.

"내일 내가 같이 가줄 테니까 과장님과 의논하자. 괜찮을 거야."

O누마의 말에 R코는 조금 기운을 차렸다.

고백을 거절당하자
스토커가 되다

"Y카와가 그랬다니…. 의외인 것 같다가도 그 녀석 연애 경험이 많지 않아 보이니까."

R코와 O누마의 이야기를 들은 S야마 과장은 팔짱을 끼고 생각에 잠겼다. Y카와의 사내 평판은 결코 나쁘지 않다. 일도 열심히 하고 기술도 뛰어나다.

여성 직원의 수가 적은 N정밀기계에서는 지금까지 이런 문제가 별로 없었기 때문에 S야마 과장도 어떻게 대응하면 좋을지 혼란스러웠다. 그러나 R코가 이런 상황이 계속되면 회사를 그만두겠다고 하자, S야마 과장은 Y카와를 불러 대화를 나누어 보기로 했다. 과장은 회의실로 들어 온 Y카와에게 단도직입적으로 물었다.

"Y카와, 실은 R코와 O누마가 오전에 찾아와서 네가 R코에게 집요하게 연락해서 곤란하다는 상담을 받았어. 그게 사실이야?"

Y카와는 순간 놀란 기색을 보였지만 바로 굳은 얼굴을 하고 물었다.

"O누마랑 같이 왔다고요?"

S야마 과장은 아무래도 R코 혼자서는 말하기 어려웠을 테니 동기이자 평소 친하게 지내는 O누마에게 같이 가달라고 부탁한 모양이라고 말했다. Y카와는 잠시 말이 없었지만 이내 결심한 듯 입을 열었다.

"전에 R코에서 고백했지만 거절당했습니다. 그런데 포기할 수가 없어서 참지 못하고 연락을 했습니다."

"그랬군…. 좋아하는 감정은 어쩔 수 없지만 상대방이 거절했으니까 앞으로 사적으로 연락하지 말도록 해."

과장은 Y카와를 안타깝게 여기면서도 개인적으로 연락하지 말라며 못을 박았다. 그러나 과장에게 주의를 받고서도 Y카와는 끈질기게 R코에게 일방적으로 메시지를 보내고 전화를 걸었다.

R코는 심각하게 무서움을 느끼고 가족에게도 그간 있었던 일을 알렸다. R코의 부모님은 회사로 전화를 걸어 Y카와를 어떻게 하지 않으면 법적 조치를 취하겠다고 했다.

S야마 과장도 더는 그냥 지켜볼 수 없다고 판단하여 임원에게

보고하고 Y카와를 지방에 있는 제2공장으로 전근시키기로 했다. 그러나 전근에 대해 전달하자 Y카와는 현재 우울증으로 정신건강의학과에서 치료를 받고 있으니 휴직을 하고 싶다며 진단서를 제출했다.

진단서에는 3개월간의 요양이 필요하다고 적혀 있었다. 회사는 어쩔 수 없이 먼저 Y카와에게 3개월 동안 병가를 주기로 했다.

자신을 찬 상대방에 대한
유언비어를 퍼트리다

∞

Y카와가 휴직하고 R코가 안심한 것도 잠시, 사내에 이상한 소문이 돌기 시작했다.

"R코가 착실한 Y카와를 유혹하고는 뒤에서 O누마랑 양다리를 걸쳤다. 이에 충격을 받은 Y카와가 우울증에 걸렸다."

"R코는 남자관계가 복잡해서 회사에서도 여러 명에게 추파를 던졌다."

다른 부서의 동기에게 이런 소문이 돌아다닌다는 사실을 전해들은 R코는 당황했다. 전부 사실무근으로 어째서 이런 소문이 났는지 몰랐다.

"누가 그런 말은 해?"

R코가 물었다.

"아마 Y카와 씨 아닐까? R코한테 농락당했다고 말하고 다니는 것 같던데."

동기는 조심스럽게 대답했다.

"가지고 논 적 없을뿐더러 애초에 고백받았을 때 확실하게 거절했어."

R코는 반론했다.

"그랬구나. 근데 Y카와 씨가 평소 착실한 이미지이고 사내 평판도 좋잖아. 소문을 믿는 사람도 많은 것 같아."

동기는 안타까워하며 말했다. R코는 즉시 S야마 과장을 찾아갔지만, Y카와가 소문을 퍼트렸다는 증거가 없다며 진상규명에는 어중간한 태도를 보였다. 그런 와중에 R코에게 모르는 연락처로 문자가 왔다. 이상하게 생각한 R코가 메시지를 확인하자 발신자는 Y카와였다.

"네가 연락을 무시해서 우울증에 걸렸다."

"몸이 좋지 않아서 회사에 복귀할 수 있을지 불안하다. 내가 이렇게 된 건 다 네 탓이다. 책임져라."

"요즘 집에 늦게 들어오던데 딴 남자 만나는 거 아니냐?"

이런 식으로 R코를 감시하는 듯한 내용 때문에 R코는 공포에 질렸다. R코는 다시 S야마 과장을 찾아갔고 S야마 과장은 Y카와가 보낸 메시지 내용을 임원에게 전달했다. 회사는 마침내 Y카와에게 징계를 내리고 경위서를 쓰게 했다. S야마 과장은 Y카와에게 연락하기 위해 전화를 걸고 문자도 보냈지만 한 번도 답이 오지 않았다. 어쩔 수 없이 S야마 과장은 Y카와의 집을 찾아가기로 했다.

결국엔 부친이
등장하는 사태로…

S야마 과장이 휴직 중인 Y카와의 집을 찾아갔다. 해가 져서 어둑한 실내에 불도 켜지 않은 채 Y카와는 침대 위에 가만히 앉아서 입을 다물고 있었다. S야마 과장은 R코에게 보낸 문자와 회사 내에 떠도는 소문에 대해 확인하고 경위서를 제출해야 한다고 전달했다. 처음에는 잠자코 S야마의 말을 듣고 있던 Y카와는 감정이 점점 격해지는가 싶더니 오열하며 자신의 속내를 털어놓기 시작했다.

"R코가 너무 좋아서 포기가 안 된다."

"포기하지 않고 계속 들이대면 R코도 마음을 열어줄 거라 믿고 있다."

"R코에게 이상한 남자가 꼬이지 않게 매일 집 앞에서 지켜봤다."

　Y카와의 말을 듣고 난 다음 과장은 Y카와를 설득했다.

　"그런 말과 행동이 R코한테는 민폐인 거야. 마음을 열기는커녕 너를 싫어하게 될 뿐이야. 지금 당장 그만둬야 해."

　그러나 Y카와는 고개를 끄덕이지 않았다. S야마 과장이 당장 그만두지 않으면 R코가 경찰에 신고하겠다고 한 사실을 전달했고, Y카와는 그대로 입을 닫아 버렸다. 장시간 침묵이 이어지다 S야마 과장은 Y카와의 건강 상태를 걱정하며 휴직하는 동안 고향에 내려가 요양할 것을 제안했다. 이에 Y카와도 체념한 듯 고개를 끄덕였다. S야마 과장은 일단 이 정도만 하고 물러섰다. 다음 날 과장은 Y카와의 가족 증명서를 찾아서 지방에 거주하는 Y카와의 부친에게 연락했다. 과장에게 자초지종을 들은 Y카와의 부친은 회사에 폐를 끼쳐서 죄송하다며 사과했다. 그리고 Y카와를 집에 데려와서 요양을 시키고 R코에게 다시는 가까이 다가가지 못하게 지켜보겠다고 약속했다.

　얼마 후 고향 집에 내려간 Y카와는 휴직 기간이 끝나기 전에 퇴사했다. 부친의 설득으로 고향 집 근처에 새로운 직장을 얻은 듯했다. Y카와의 연락이 뜸해지고 회사에 떠돌던 소문도 잠잠해져서 R코도 안심할 수 있었다.

회사에서 스토커 행위가
발각된 경우

사내 연애는 자주 있는 일이고 이는 사람의 자연스러운 감정이기 때문에 부정하기 어렵다. 그러나 연애 관계가 틀어져서 그 영향으로 회사의 질서가 무너지면 상황은 달라진다. 무엇보다 Y카와처럼 상대방의 기분을 생각하지 않고 일방적으로 애정을 강요하고 상대방에게 폐를 끼치는 행위는 비단 회사 안에서만의 문제가 아니다. 상대방의 입장에서 생각해보면, 자신의 행동이 얼마나 민폐이고 무서운지 알 법도 한데 거기까지는 미처 생각하지 못한다.

연애란 사람의 감정을 크게 동요하게 만들고, 때로는 상식을 벗어난 행동을 하게끔 한다. 이러한 감정은 타인이 조절할 수 없다. 그러나 만일 회사에서 이런 문제가 생기는 경우 회사는 의연하게 대처해야 한다. 상대방을 일방적인 호의로 귀찮게 하거나 연애 관계가 좋지 않게 끝나서 원한을 품고 스토커가 되는 등의 문제는 일상적으로 일어난다. 만일의 사태에 대비하여 회사는 미리 방지책을 준비해둘 필요가 있다.

　사내 연애나 사내 불륜은 자칫 상황이 잘못되면 성희롱이나 스토커 등의 문제로 발전할 가능성이 있다. 이러한 문제가 일어난 경우에 상담할 수 있는 체제를 구축하여 사실 관계를 명확히 하고, 정해진 규칙에 따라 냉정하게 대처해야 한다. 개인의 문제라는 이유로 방치하면 큰 문제로 발전할 가능성이 있다는 사실을 기억해야 한다.

02

몬스터 직원이
만들어지는 메커니즘

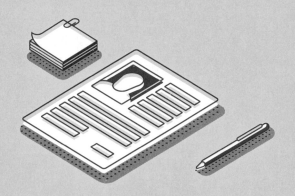

왜 몬스터 사원이
되는 걸까?

PART1에서는 주로 젊은 몬스터 부하의 사례를 다뤘다. 소개한 사례의 특징으로 '자기중심성'과 '유치함'을 들 수 있다. 특히 20~30대의 부하가 '개성 존중'을 '제멋대로'의 의미로 잘못 이해하고 있다고 보는 상사 세대도 적지 않을 것이다.

세대 간의 가치관 차이는 일하는 동기에서부터 가장 큰 차이를 보인다. 학교의 교육이 크게 변하여 '개성 존중', '경쟁하지 않기', '칭찬하며 키우기'라는 방침에서 자란 젊은 세대는 일에서 보수나 승진보다 보람, 사생활 보장, 좋은 인간관계를 추구하는 것을 당연하게 여긴다. 이런 젊은 세대와 다르게 50세 전후의 버블 세대는 "24시간 일할 수 있습니까?"[1]라는 광고 문구의 홍수 속에 "회사에서 놀자!"라며 호쾌하게 20대를 보낸 세대라고 할 수 있다. 열심히 노력한 결과는 급여 인상과 승진으로 돌아왔기 때문에 일하는 동기가 명확했다.

그런 버블 세대(일본 사회가 호황을 누리던 거품 경제 시기에 사회생활을 시작한 세대)인 상사에게 "잔업수당이 없으면 회식은 안 가겠습니다"라고 말하는 젊은 세대는 낯설 수밖에 없다. 한편 사고방식이 전혀 다른 젊은 세대 입장에서는 "신입 주제에 아직 뭘 모르네. 성과도 제대로 못 내면서 말이야"라는 말을 들으면 당황할 수밖에 없다.

학교를 졸업하기 전까지 평생을 학교에서도 부모에게도 귀한 대접을 받으며 자라 온 젊은 세대가 회사에 들어와서 갑자기 부당한 대우를 받거나 자립을 요구받으면 당연히 쉽지 않다. 그리고 요즘은 기업에서도 신입사원 육성에 들이는 비용을 줄이는 추세이기 때문에 예전만큼 공들여 업무를 가르칠 여유가 점점 없어지고 있다.

사회 경제 정세도 크게 바뀌었다. 연공서열은 이미 많은 기업에서 폐지되었고 열심히 노력해서 정년까지 일하면 남들과 비슷한 수준의 생활이 보장되던 시절은 끝났다. 일단 대기업에 취직

---

1 1980년대 일본에서 유행한 에너지 음료 TV 광고 문구다. 일을 하면 할수록 성과가 나오던 시절에 24시간 쉬지 않고 일하는 모습을 표현했다고 한다.

하기만 하면 안전하다는 말도 더는 성립하지 않는다는 사실을 알 만한 사람은 안다.

이런 상황에서 '무엇보다 나답게 살고 싶다', '조직에 휘둘리지 않는 커리어를 쌓고 싶다', '일만 하는 삶은 싫다'고 생각하는 것도 당연하다. 젊은 세대가 개성을 존중해 주는 회사와 자유로운 분위기의 회사를 찾아서 쉽게 이직하거나 원하지 않는 승진을 거부하는 것도 가치관의 변화에 따른 결과로 볼 수 있다.

그러나 애초에 다른 가치관을 가진 상사 세대의 입장에서는 젊은 세대의 이러한 가치관이 자기중심적이고 성공하고자 하는 욕심이 없어 보이기 때문에 이해하기 어렵다. 이렇게 서로의 가치관이 충돌하여 상사의 눈에 요즘 세대는 '몬스터 부하'로 보이기도 한다.

이러한 부하의 말과 행동은 가치관의 차이에 의한 것일 뿐, 정도를 벗어난 말과 행동을 하고 때로는 무리한 요구나 주장을 내세우는 진짜 '몬스터 부하'와는 다른 개념이다. 하지만 가치관이 크게 다른 사람끼리 같은 조직에서 일하면서 각자의 주장만 내세우고 서로를 이해하지 못하고 양보하지 않으면 극단적인 요구나 주장을 내세우는 '몬스터 부하'가 될 가능성이 있다.

어른도 젊은 세대도
유치해지고 있다

최근 우리 사회가 유치해지고 있다고 느끼는 사람이 적지 않다. 다 큰 어른이 중학생이나 고등학생이 사용할 법한 단어를 쓰고, 도를 넘은 성인식이나 시부야 핼러윈 소동[2] 등도 어른이 일으킨 사건이다. 이러한 소동이 TV에서 흘러나올 때마다 눈살을 찌푸리는 사람도 많을 것이다.

한 시사정보프로그램의 출연자는 이러한 사건들에 대하여 "어른이라는 사실을 자각해야 한다", "주변 사람에게 폐를 끼치는 행동을 하다니 터무니없다"라며 강한 발언을 쏟아낸다. 그러

---

2 2018년 시부야에서 열린 핼러윈 축제 중 군중 일부가 트럭을 탈취해서 파손하는 등 소란을 피운 사건

나 이러한 문제가 생기는 원인이나 배경에 대해 언급하는 방송은 TV에서 거의 찾아볼 수 없다. TV는 옳고 그름을 쉽게 판단할 수 있는 코멘트를 선호한다. 그리고 연령과 상관없이 시청자 대다수는 그런 소동이 왜 일어났는지, 어떻게 하면 막을 수 있는지 깊게 생각하지 않고 TV에 나오는 의견에 동조한다. "요즘 젊은 애들은 생각이 없다"든가 "이게 무슨 민폐냐"라며 개탄하는 것이다.

요즘은 젊은 세대뿐만 아니라 많은 성인들이 세상사에 대해 깊게 생각하지 않고 '옳고 그름' 혹은 '세이프 또는 아웃' 같은 가치 기준만으로 판단하고 있는 듯하다. 그리고 대다수의 의견에 대해 반론을 제기하는 사람을 분위기 파악을 못 하는 별난 사람 취급을 한다. 때에 따라서는 의견을 낸 사람에게 무례하다며 비난을 퍼붓기도 한다.

세상에는 옳고 그름을 명확히 나누기 어려운 일이 더 많다. 또한 여러 방면에서 살펴보지 않으면 본질을 알기 어려운 것이 당연하다. 그러나 옳고 그름이 명확하지 않은 의견은 임팩트가 없기 때문에 TV를 보는 시청자에게 그다지 커다란 호응을 얻지 못한다. 언론에서도 반응이 별로라고 생각하게 된다.

그렇기 때문에 TV는 알기 쉬운 의견이 다수의 의견인 것처럼 방송에 내보낸다. 이것이 TV프로그램의 속성이다. 이를 본 시청자도 그 의견이 마치 자기 자신의 의견인 것처럼 믿어버린다.

'쉬운 의견을 좇는 사람'이란, 다시 말해 '스스로 생각하지 않고 다수의 의견에 휩쓸리는 사람'을 뜻한다. 이런 사람이 대다수라면 사회는 경제적으로 풍족해진다. 유행에 휩쓸려 모두가 가지고 있는 물건, 모두가 보는 TV프로그램이라며 적극적으로 소비하면 경제는 윤택해진다. 경제적으로는 이득이 될지 모르지만 대부분의 사람이 세상사에 대해 깊게 생각하지 않게 된 사회는 결국 유치해진 사회다.

 자율적인 어른은 '스스로 생각하는 힘', '고독을 이겨내는 힘'을 가진다. 사물을 다각도로 보고 자기 나름대로 생각하고 자기 생각을 밝힐 수 있지만, 유치해진 사회에서는 자신의 의견을 내세울 수 있는 어른이 많지 않다. 나이만 먹은 어른이 사물을 한 방향으로만 보고(혹은 누군가 보여준 방향), 옳고 그름에 대해 소리를 높인다. 그리고 자신의 의견이 주변 사람과 같다는 사실에 안도한다.

 주변 사람과 의견이 달라도 자기 생각을 표현할 수 있는 줏대가 없다. 주변 사람도 다른 의견에 귀를 기울이지 않는다. 귀를 기울이기는커녕 다수의 의견에 반하는 소수 의견에 대해서는 잘못된 의견이라며 과도하게 비판하기도 한다. 이로 인해 사회에는 그저 쉬운 의견만 통용되고 이에 뜻을 함께하는 유치해진 어른이 늘어나는 것이다.

왜 젊은 사람들은
회사에서 전화를 받지 않을까?

∞

스마트폰의 보급으로 인해 의사소통 수단도 다양해졌다. 쇼와시대(1926년 12월 25일~1989년 1월 7일)에는 주로 전화, 그렇지 않으면 기껏해야 팩스 정도가 연락 수단이었지만 이제는 이메일, 메신저 등이 그 자리를 대신하여 큰 역할을 하고 있다.

휴대폰이 없던 시대에는 친구와 연락할 때, 집 전화로 전화를 걸어 친구가 아닌 가족이 전화를 받으면 친구를 바꿔 달라고 해야 했다. 이럴 때 주고받는 대화는 어린 시절부터 자연스럽게 익혀 온 것이다.

그러나 최근에는 집 전화가 없는 가정이 늘어나고 있다. 2018년 일본의 총무성이 실시한 '통신 이용 동향 조사'에 따르면 집 전화의 보유율은 세대별, 세대주의 연령 계층별로 20대의 경우 5.2%,

30대의 경우 29.35%로 나타났고, 전체적으로도 71.0%에 그쳤다.

휴대폰이 있으면 집 전화기의 필요성이 낮아진다. 20대는 집 전화로 전화를 걸거나 받은 경험이 많지 않고 바로 친구인 당사자에게 연결되는 휴대폰으로 통화하는 것에 익숙해져 있다. 집 전화로 전화를 걸었을 때 통화하고 싶은 상대가 바로 나오지 않으면 "○○라고 하는데요. □□있어요?"와 같이 중간 단계를 걸쳐야 하지만, 휴대폰은 본인이 직접 전화를 받기 때문에 바로 용건으로 들어가 대화를 나누게 된다.

요즘 관리직들로부터 젊은 세대는 전화받기를 꺼린다는 말을 자주 듣는다. 집 전화기에 익숙하지 않은 젊은 세대에게 전화는 거북하고 낯선 물건인 듯하다. 더구나 메신저나 채팅 등에서는 짧은 문장을 빠르게 주고받고 때로는 스티커나 이모티콘 등을 이용하여 감정을 표현한다. 이런 식으로 도구를 사용한 커뮤니케이션만 하다 보면 어휘력이 떨어진다. 단어는 시대와 함께 변하기 때문에 일률적으로 젊은 세대가 사용하는 단어를 비판할 의도는 전혀 없다.

그러나 사회인이 된 성인이 직장 등 공공장소에서 'JMT', '대박'만으로 자신의 감정을 표현하는 모습은 구체적이지 않고 정확하지 못하다. 업무에 도움이 안 되는 것이다. 어휘력이 부족한 사람이 자기 생각과 감정을 적절히 표현하기는 어렵다. 단어는 창조의 근원이 되기도 한다. 풍부한 발상은 풍부한 어휘력에서 생겨난다 해도 과언이 아니다.

또 메신저나 채팅 등은 항상 연결된다는 특징 때문에 주고받는 속도를 중요하게 여긴다. 메신저 등에서는 이른바 '읽씹'이라고 하여 상대방이 메시지를 읽고 답을 하지 않으면 무시당했다고 생각하거나 예의가 없는 사람으로 취급하기도 한다.

이처럼 항상 연결되어 있다는 것은 상대방의 상황과 관계없이 일방적으로 메시지를 보내는 행위가 가능하다는 걸 의미하기도 한다. 하지만 사회생활을 하다 보면 여러 가지 상황으로 인해 메시지를 확인했지만 잠시 생각하고 확인한 다음에 답변하고 싶을 때도 있다. 또 메시지는 확인했지만 여유가 없어서 답을 하지 못할 때도 있을 것이다.

그런 상대방의 상황을 배려하는 마음이 있다면 상대방이 바로 답을 하지 않더라도 불쾌하게 생각하거나 무시당했다고 불안해하는 일은 없을 것이다. 하지만 서로 보이지 않은 상황을 이해하지 못하고 자신의 일방적인 판단으로 인간관계를 악화시키는 사람이 젊은 세대를 중심으로 점차 늘고 있다.

메시지를 받으면 바로 확인하고 답변해야 한다는 생각은 사회생활을 하는 사람들에게 무리한 요구다. 사회적 정의에 반하는 행위다. 상대방의 상황을 고려하지 않고 자신의 일방적인 가치관으로 상대방이 잘못했다고 판단하는 것이다.

그리고 상대하기 싫은 사람이라면 메시지 애플리케이션 등에서 간단하게 차단해 버린다. 갑자기 영문도 모른 채 차단당한 상대방의 기분까지는 헤아리지 못한다.

SNS가 만들어낸 인정에
목마른 몬스터 사원

∞

SNS의 보급도 커뮤니케이션에 큰 변혁을 가져왔다고 볼 수 있다. SNS에서는 자신의 상황과 생각을 자유롭게 발언하고 그에 대해 '좋아요'를 받는다. '좋아요' 수나 팔로워 수가 늘면 SNS 세계에서 받아들여지고 싶은 욕구, 인정받고 싶은 욕구가 충족된다. 인정욕구는 누구나 가지고 있기 때문에 그 자체가 나쁘다고 할 수는 없다.

그러나 타인에게 인정받아야만 채워진다는 것은 바꿔 말하면, 자기 자신에 대한 믿음이 부족하고 타인의 평가에 의존한다는 의미다. 타인에게 인정받고자 하는 욕구가 유독 강해지면 그 욕구가 채워지지 않을 때 심한 욕구불만에 빠진다. 그러면 세상이 자신을 인정해주길 바라고, 자신의 존재를 알리고 싶어 하는 자기 현시욕이 잘못된 방향으로 향하게 된다.

자신의 존재를 세상에 알리고 싶은 욕구가 커지면 문제 행동을 일으켜 주목받고자 한다. 뉴스 등에서 접하는 악질 장난이나 범죄 등 반사회적 행동을 SNS 등에 올려서 논란이 되는 사건의 대부분은 잘못된 자기 현시욕과 인정욕구의 표현으로 볼 수 있다.

회사에서 발견되는 몬스터 직원의 유형은 다양하지만, 이러한 잘못된 자기 현시욕이 커져서 문제 행동을 일으키는 경우가 비교적 많다. 업무에서 회사, 상사, 동료에게 능력을 인정받아 활약하는 직원이라면 인정욕구가 충분히 충족된다. 업무에서 보람을 느끼고 점점 더 자기 자신의 존재를 드러내기 위해 의욕적으로 노력한다.

그러나 자신의 업무가 주변 사람에게 인정받지 못한다고 느끼는 직원은 인정욕구가 채워지지 않아 불만을 품는다. 이를 계기로 업무에서 더욱 인정받기 위해 건설적인 방향으로 노력하면 다행이지만, "자신에게는 문제가 없다"고 하는 일방적이고 자기중심적인 생각에 사로잡히면 잘못된 방향으로 향하는 경우가 생긴다.

이 경우 자신의 존재를 확인하기 위해 거짓말을 하거나 계략을 꾸며서 인간관계를 조종하거나 자신의 능력은 생각하지 않고 주변을 비판하는 등 문제를 일으킨다. 이러한 몬스터 직원의 밑

바탕에는 잘못된 자기 현시욕이 숨어 있는 경우가 많다.

타인의 인정은 때로는 응원이 되기도 하고 힘을 낼 에너지가 되기도 한다. 하지만 남에게 인정받는 일에만 너무 의존하면 자신의 생각만큼 인정받지 못할 때 자기 자신을 잃어버리거나 큰 불만을 품게 된다.

무책임한 사람은
만들어지는 것

윤리의식이 낮은 몬스터 직원의 특징 중 하나로 '무책임함'을 들 수 있다. 무책임한 사람은 자기중심적이고 의존심이 강하다. 또 비겁하고 다른 사람의 기분을 헤아리지 못하는 말을 내뱉고 거침없이 행동한다. 무책임을 낳는 배경에는 여러 가지 이유가 있지만 환경적 요인이 큰 영향을 미친다고 생각한다.

자식의 어리광을 모두 받아주는 부모 밑에서 자란 사람은 스스로 하지 않고, 누군가가 대신해주거나 누군가가 어떻게든 해결해주길 바라는 의존심이 강한 경향이 있다. 어린 시절부터 스스로 책임을 지고 일을 완수하지 못 하더라도 부모가 어떻게든 도와준 환경에서 자란 경우라면 혼자 힘으로 끝까지 일해 본 경험이 부족하기 마련이다.

또 실패가 허락되지 않는 환경도 무책임을 만들어 내는 요인이 된다. 사람은 살아가면서 많은 실패를 경험하지만, 실패로 인해 심하게 비난을 받으면 실패가 두려워 행동하지 않게 된다. 자신이 어떤 행동을 하고 나서 비난받기보다 차라리 처음부터 아무 일도 하지 않고, 관여하지 않는 것이 최선이라고 생각하게 된다.

이러한 생각은 사회인이 된 이후의 환경에도 큰 영향을 미친다. 필자가 봐 온 기업에도 적용해볼 수 있다. 경영자나 임원이 실패에 관대하지 못한 기업의 직원은 새롭게 도전하거나 스스로 책임을 지고 행동하는 일에 소극적이 된다. 만일 실패했을 때 심하게 비난받거나 승진에서 제외되거나, 경우에 따라서는 해고될지도 모른다는 생각에 책임을 지지 않아도 되는 선택을 하게 되는 것이다. 이는 개인의 타고난 성향 탓이기도 하지만 환경적 요인도 크다고 볼 수 있다.

사고력이 부족하고 타인의 기분을 헤아리지 못하는 사람도 무책임해지기 쉽다. 자신만 좋으면 그만이라는 계산적인 사고로 상황을 판단하기 때문에 자신에게 이득이 되지 않는 일에는 전혀 관여하지 않는다.

옳고 그름에 대해 깊이 있는 사고를 하는 것을 경시하고 그저 쉬운 사고가 미덕이 되어 버리면 온전히 자신의 입장에서 이해득실 관계만을 따져서 판단하게 된다. 그렇기 때문에 자신에게 이득이 되지 않더라도 모두를 위해, 사회를 위해 행동하는 일이 때론 바보처럼 여겨지기도 한다.

윤리의식이 낮은 몬스터 직원은 때때로 '나는 손해 보기 싫어', '책임지기 싫어', '내가 안 해도 누군가 하겠지' 같은 생각을 가지고 무책임한 행동을 한다. 그러한 유형의 사람을 만들어 내는 사회의 구조적 문제도 물론 한몫한다.

'직장 내 괴롭힘'으로
낙인찍힐까 두려운 상사들

∞

  직장 내 괴롭힘이 문제로 떠오르면서 기업의 관리직 사이에서 혼란스럽다는 상담을 자주 받는다. 자신의 신입 시절과 유사한 방식으로 요즘 세대에게 일을 가르치려고 하면 "지금 직장 내 괴롭힘인 거 아시죠?"라는 발언이 바로 들어오는 탓에 무섭다고 한다.

  당연한 말이지만 지도와 괴롭힘은 엄연히 다르다. 직장 내 괴롭힘은 일본의 경우 후생노동성(대한민국의 보건복지부, 고용노동부, 여성가족부에 해당)에서 2012년에 개최한 '직장 내 따돌림과 괴롭힘 문제에 관한 원탁회의'에서 다음과 같이 정의했다.

○ **직장 내 괴롭힘**

같은 직장에서 일하는 자에게 직무상의 지위나 인간관계 등 직장에서
우위에 있다는 것을 무기로 업무의 적정한 범위를 넘어 정신적, 신체적
고통을 주거나 직장 환경을 악화시키는 행위

나아가 직장 내 괴롭힘의 여섯 가지 유형을 판례와 개별 노동
관계 분쟁 처리안을 바탕으로 다음과 같이 정의했다.

○ **직장 내 괴롭힘의 여섯 가지 유형**

1 신체적 공격: 폭행·상해
2 정신적 공격: 협박·명예훼손·모욕·심한 폭언
3 인간관계에서의 분리: 격리·따돌림·무시
4 과대한 요구: 업무상 명확히 불필요한 일이나 불가능한 일을 강요, 업
  무 방해
5 과소한 요구: 업무상 불합리하고 능력이나 경험과 동떨어진 자잘한 업
  무를 시키거나 일을 주지 않는 행위
6 사생활 침해: 사적인 일에 과도하게 간섭하는 행위

이러한 행위 이외에도 직장 내 괴롭힘으로 볼 수 있는 말과 행동이 있겠지만, 판단 기준으로서 정의와 유형에 대한 지식을 가지고 있는 것이 중요하다. 어디까지나 '업무의 적정한 범위를 넘어선 정신적·신체적 고통을 주거나 직장 환경을 해치는 행위'가 문제다. 업무상 필요한 적절한 지도를 괴롭힘이라고 하지는 않는다. 부하가 실수한 상황을 예로 들어보자.

"바보 같은 녀석! 대체 왜 매일 똑같은 실수를 하는 거야! 부모 밑에서 뭘 보고 자란 거야!" 이런 식으로 큰소리를 치며 부하의 인격을 부정하는 발언을 하면 직장 내 괴롭힘에 해당한다. 그러나 부하의 실수에 대해 부하의 인격을 언급하지 않고 냉정하게 실수한 행위에 대해서만 질책하고 다음부터 같은 실수를 반복하지 않게 하기 위해 지도하는 것이라면 이는 필요한 지도에 해당한다.

고소할 증거를 남기기 위해
항상 주시하는 부하

간혹 필요에 의한 적절한 지도를 했음에도 불구하고 혼이 나면 직장 내 괴롭힘으로 오해하여 상사에게 괴롭힘을 당했다고 문제를 제기하는 부하도 있다.

상사도 자신의 말과 행동이 직장 내 괴롭힘에 해당하는지 아닌지 확신이 없는 상태에서 부하 직원을 괴롭히는 상사로 낙인 찍힐 것을 우려해서 정작 필요한 지도도 하지 못한다. 그러나 상사가 부하 직원을 지도하지 않으면 상사로서의 역할을 다하지 못하는 것과 마찬가지이기 때문에 조직으로서도 큰 문제가 된다.

따라서 상사는 직장 내 괴롭힘에 관한 지식을 습득하여 자신의 지도 내용에 문제가 없는지 확인해야 한다. 특히 감정적으로 변하기 쉬운 상사는 주의가 필요하다.

최근에는 괴롭힘 행위가 있을 때 고소할 증거를 남기기 위해 상사와의 대화를 항상 휴대폰에 녹음하는 부하가 있다는 말을 들은 적이 있다. 실제로 상사에게 괴롭힘을 당하여 증거를 확보하기 위해 녹음을 한다면 이는 하나의 방어 수단이 될 수 있다.

그러나 부하가 직장 내 괴롭힘의 정의를 오해하여 아무 일에나 직장 내 괴롭힘이라고 문제를 제기한다면 사내 분위기를 해치고 업무에 지장을 주게 된다. 특히 자기중심적 골칫거리 직원은 모든 일을 자신에게 유리한 쪽으로 해석하기 때문에 주의가 필요하다.

자기중심적이고 윤리의식이
낮은 유형이라면?

◍

부하 직원이 몬스터로 변하는 배경에는 지금까지 설명했듯이 다양한 요인이 있다. 크게 나눈다면 '자기중심적이고 유치한 유형'과 '애초에 윤리의식이 매우 낮은 유형'이다.

다음 장에서는 윤리의식이 현저하게 낮은 '윤리의식 부족 몬스터 직원'에 대해 소개하려 한다. 이미 비슷한 사례를 경험한 관리직이 있을 수도 있지만, 윤리의식이 부족한 몬스터 부하가 대체로 어떤 행동을 하는지 참고하길 바란다.

또 초고령화 사회를 앞두고 시니어 직원의 몬스터화도 주목받고 있다. 관리직 중에 자신보다 나이가 많은 직원의 대응에 어려움을 호소하는 젊은 관리직이 의외로 많다. 시니어 몬스터 부하의 사례도 파트4에서 소개할 예정이니 참고하길 바란다.

03

윤리의식이 낮은 직원의
멈추지 않는 폭주

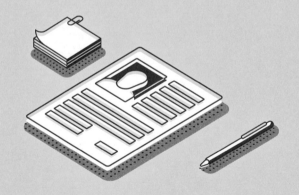

부업에 탈세? 이건 불법!

몰래 부업을 하면서 경비 부정에 탈세까지?

'비밀 수입' 몬스터 직원

R사단법인은?

설립한 지 35년 된 비영리 법인으로 이사 및 직원 수는 약 15명이고, 업무 강도가 세지 않아 사내 인원 변동이 거의 없다.

등장인물

M하라 지방공무원 출신의 40대 독신 남성이다. 경영 컨설턴트로 독립하여 경영 컨설팅 사무소를 개업했지만 생각만큼 수익이 나지 않아 사업을 접고 6년 전 R사단법인에 입사했다. 업무 성적이 좋지 않을뿐더러 하고자 하는 의욕도 없다.

S이 입사 15년차 40대 남성으로 일을 열심히 하고 정의감이 넘친다. M하라의 무책임한 업무 태도에 불만을 품고 있다.

K다 R사단법인의 상무이사인 60대 남성. 무사안일주의자로 귀찮은 일을 싫어하고 업무를 부하에게 떠넘기는 경향이 있다.

A야마 50대 여성으로 업무 경력이 풍부한 사무 계약직이다. R사단법인의 경리 및 총무 사무를 담당한다.

전년도보다 눈에 띄게
적어진 주민세

"상무님, 작년과 비교해서 M하라 씨의 주민세가 상당히 적은
데요. 뭔가 잘못된 게 아닐까요?"

사무 업무를 담당하는 A야마가 한 손에 서류를 들고 K다를
찾아왔다. A야마는 자신보다 연봉이 3배 이상 많은 M하라의 주
민세가 자신과 별반 차이가 없다는 점을 이상하게 여겼다. 서류
를 확인하자 한눈에 봐도 M하라의 주민세가 전년도보다 상당히
적은 것을 알 수 있었다. A야마는 혹시라도 자신이 연말정산 금
액을 잘못 계산한 것은 아닌지, 구청에 제출한 과세 자료의 금액
에 오류가 있는 것은 아닌지 걱정되어 확인했지만 특별히 이상
한 점을 발견하지 못했다.

"세무사한테 확인해보지 그래?"

K다는 남의 일인 양 무심하게 답하고는 모임이 있다며 외출해 버렸다. A야마는 고문 세무사에게 전화를 걸어 문의했다. 세무사는 M하라가 어떤 사정으로 확정 신고를 했거나 해당 구청에서 실수로 처리했을 가능성이 있다고 했다. A야마는 옆자리에 앉는 S이에게 이 건과 관련하여 상담했고 S이는 자신이 M하라에게 확인해 보겠다고 했다.

다음 날 S이는 주민세 금액에 대해 M하라에게 물었다. 처음에는 "모르겠다", "구청에서 잘못 처리한 거 아니냐"며 발뺌했지만, 결국에는 부업 때문에 확정 신고를 했다는 사실을 인정했다. 경영 컨설턴트로 한 기업과 계약을 체결하여 사업소득이 발생했다고 했다. R사단법인은 취업규칙으로 부업을 금지하고 있을 뿐만 아니라 이를 위반한 경우 징계해고를 하고 있다. 평소 본업에 충실하지 않은 M하라가 부업을 하고 있었다는 사실에 S이는 화가 나서 말했다.

"상무님께는 직접 보고하세요."

노모에게 연간
일정 금액을 '급여'로 지급

S이가 M하라와 나눈 대화 내용을 전달하자 A야마는 아리송한 표정을 지었다.

"그런데 부업을 하면 보통은 소득이 늘어서 주민세도 늘어나야 하잖아요? 좀 이상한데요."

S이는 세무에 대해서는 잘 알지 못하여 대답을 하지 못했다. 결국 A야마는 세무사에게 다시 전화를 걸어 문의했다.

"사업소득이면 아마도 이런저런 경비를 계상하지 않았을까요?"

정의감이 강한 A야마는 M하라가 부정으로 경비를 계상했을 가능성이 있다고 보고 S이와 함께 M하라를 찾아가 추궁했다. M하라는 아무런 부정도 저지르지 않았다며 잡아뗐다. 그러나 A야마가 제출한 확정 신고서를 보여 달라고 요청하자 잠시 주저하다가 이내 체념한 듯 확정 신고서를 보여주었다.

A야마와 S이는 확정 신고서에 적힌 말도 안 되는 신고 내용을 확인하고는 할 말을 잃었다. 경영 컨설턴트로서 번 수입은 연간 약 20만 엔 정도인 것에 반해 경비 지출 내역이 350만 엔이나 되었다. 집세와 휴대폰 요금, 개인 외식비 등을 모두 경비로 처리했고, 따로 거주하는 70세가 넘은 노모를 직원으로 올려 연간 200만 엔에 가까운 비용을 급여로 지급하고 있었다. 부업으로 하는 경영 컨설턴트 업무에서 발생한 적자를 R사단법인의 급여소득과 상계 처리하여 결과적으로 대부분의 수입이 없는 상태로 신고했다. 부업만 했을 뿐이면 몰라도 탈세로 볼 수 있는 행위까지 했다면 문제가 커진다.

"몰래 부업만 했으면 몰라도 이건 불법입니다! 큰 문제가 될 수도 있어요."

S이가 언성을 높였지만 M하라는 불법을 저지르지 않았다며 딱 잡아뗐다.

"아무튼 알아버린 이상 이사님께 보고할 테니. 그런 줄 아세요."

S이는 단호하게 말하고 돌아섰다.

퇴사 권유를 받고 그만두기 전,
회사를 괴롭히다

∞

S이는 M하라의 문제행위를 이사회에 보고했고 한바탕 큰 소동이 일어났다. 회사는 임시 이사회를 열어 M하라에게 의견청취 조사를 실시했지만, M하라는 끝까지 불법행위는 없다고 주장했다. 그러면서 징계해고를 하려거든 마음대로 하되 그 대신 자신을 해고하면 가만있지 않겠다며 협박했다. 이사회는 변호사와 의논하여 징계해고가 아닌 '권고사직'을 진행하기로 했다. 이사회가 M하라에게 퇴사를 권유하자 의외로 순순히 받아들였다.

"아마 퇴사 권유를 무시하다가 부정행위가 밝혀지면 나중에 문제가 더 커진다고 생각했겠죠."

M하라의 행동을 두고 S이와 A야마는 대화를 나눴다. 퇴사 권유가 있은 다음 날부터 M하라는 남은 유급휴가를 사용하기 시

작했다. S이는 M하라가 담당하던 업무를 정리하기 위해 M하라의 컴퓨터를 켰다. 그런데 대부분의 데이터가 삭제된 상태였다. 놀란 S이가 서둘러 직원들끼리 공유하는 폴더를 확인했다. 공유 폴더에도 M하라가 담당하던 업무 관련 파일이 전부 사라져 있었다. R사단법인은 모든 공유 데이터를 매일 USB에 백업해왔는데 그 데이터 역시 삭제된 상태였다.

"설마, 이런 짓을 할 줄이야…."

당황하는 S이의 반응을 보고 A야마가 말했다.

"어쩌면 업무 데이터에도 누군가 보면 안 되는 내용이 있었을지도 모르죠."

S이는 A야마의 의견에 동의하면서 사라진 데이터의 내용과 업무상 문제 파악에 들어갔다. 거의 한 달 정도의 시간이 걸려 어느 정도 원래대로 업무를 할 수 있는 상태로 돌아오긴 했지만, 끝내 법률상 보존해야 하는 데이터 중에 복구하지 못한 것도 있었다.

윤리의식이 낮은
문제 부하의 폭주를 막다

회사에는 다양한 가치관을 가진 사람이 모이고 그중에는 윤리의식이 낮은 사람도 있다. 취업 규칙으로 금지된 사실을 알면서도 부업을 하거나 사회적 문제가 되는 행위를 하는 사람이 나타날 가능성은 늘 있다. 규칙으로 금지하거나 준법의식 교육을 실시하는 것도 중요하지만, 때에 따라서는 부정행위 등을 예상하여 미리 체제를 정비할 필요가 있다.

예를 들어, M하라의 사례처럼 부업이나 부정한 확정 신고를 조직이 완전히 막기는 어렵다. 그러나 데이터를 삭제한 행위는 체제를 정비하면 미리 방지하거나 바로 복구할 수 있다.

특히 서류나 데이터, 금전 보관의 경우, 분실이나 도난 등이 있을 때 바로 대응할 수 있는 체제를 미리 갖추어야 한다. 이번 사례와 같이 누구나 데이터에 접근할 수 있고, 누구라도 백업 파일에 손댈 수 있으면 매우 위험성이 높다. 조직에서 발생할 수 있는 다양한 위험성을 예상하여 사전에 대응책을 마련해두면 윤리의식이 낮은 사람의 폭주를 막는 효과가 있다.

사례 2

직장에 피해를 주는 불륜

고객과 불륜을 저지른
윤리의식 부족 몬스터 직원

H유치원은?

원장인 Y모토의 부친이 창립한 유치원. 원장을 비롯한 보육
교사 전원이 여성으로 20대부터 50대까지 다양한 연령층의
직원이 재직하고 있다. 밝고 긍정적인 어린이 양성을 교육 방
침으로 내세우고 있으며 지역의 평판도 좋다.

등장인물

Y모토 원장   50대 여성으로 부친이 창립한 유치원을 대를 이어
운영하고 있다. 자녀들은 모두 독립했고 현재 남편
과 둘이 살고 있다. 온화한 성격의 소유자다.

A미   입사 10년차 베테랑 보육교사. 30대 여성으로 남편과 네 살
배기 아이가 있다. 일은 열심히 하지만 성격에 문제가 있어
별도의 직책은 없다.

T코   6개월 전 H유치원에 입사한 40대 여성. 과거 보육교사로
일했다. 출산으로 인해 전업주부로 지내다가 10년 만에
복귀했다.

K토   H유치원에 다니는 원아의 부친. 동네에서 작은 인테리어
회사를 경영한다. 호쾌하고 남자다워 보이지만 알고 보면
소심한 편이다. 아내는 전업주부다.

일은 잘하지만 민폐 캐릭터,
A미의 성격

∞

"글쎄 우리 남편이 또 이직한다잖아. 인제 그만 적당히 한 곳에 붙어 있으면 좋겠어."

유치원의 낮잠 시간이 되어 사무실에 모인 직원이 사무업무를 보기 시작하자 보육교사인 A미의 잡담도 시작되었다.

'또 시작이네….'

옆자리에서 서류를 정리하던 T코와 주변 동료들은 지쳐 있었다. A미는 누군가 항상 자신의 말을 들어주길 바라는 수다쟁이로, 분위기를 파악하지 못하고 쉴 새 없이 말을 걸어서 동료들은 내심 귀찮아하고 있었다. 이야기의 주제는 대부분 남편과 학부모의 험담, 그 자리에 없는 동료의 뒷담화, 업무에 대한 불만 등 듣는 사람까지 덩달아 기분이 나빠지는 부정적인 내용이었다.

직원들을 통해 원장도 A미의 수다가 직장 분위기를 해친다는 사실은 알고 있다. 그래서 몇 번인가 넌지시 주의를 준 적이 있지만, "왜 저한테만 뭐라고 하세요!", "그럼 그만두겠습니다!" 같은 무책임한 말을 습관처럼 내뱉기에 더 강하게 말하지 못했다.

지금도 일손이 부족하여 고민인 마당에 A미가 진짜로 그만두면 곤란하기 때문이다. 그런 이유로 A미가 마음에 들지 않지만 모두 참고 있다.

그러던 어느 날 6개월 전에 들어온 보육교사 T코가 할 말이 있다며 원장을 찾아왔다. T코는 큰 결심을 한 듯 원장에게 A미에 대한 불만을 털어놓았다.

"A미 씨가 저를 무시하고 뒤에서 험담을 하고 다니는 것 같아요. 주변 사람들한테 제 일처리에 대해서 불만을 토로하고 나이가 많아서 자신을 업신여긴다면서요. 그리고 기분이 좋을 때와 나쁠 때의 차이가 너무 심해서 매번 눈치를 보느라 스트레스가 심해요. 요즘은 A미 씨가 가까이 있는 것만으로도 심장이 벌렁거릴 정도예요. 계속 이런 식이면 여기서 일을 할 자신이 없어요."

A미의 성격을 잘 아는 원장은 T코가 없는 말을 지어낸 것은 아니라고 생각했다.

"A미 씨한테는 제가 얘기해 볼게요."

원장은 T코에게 조금만 더 힘을 내라며 위로했다.

학부모의 회사에
남편을 마음대로 취직시키다

아이들이 대부분 집으로 돌아갔을 시간에 맞추어 A미를 찾아
나선 원장의 눈에 마지막으로 남은 원아를 학부모에게 인계하는
A미의 모습이 보였다. A미는 원아의 아버지와 다정하게 대화를
나누고 있었다. 자세히 보니 상대방은 K토라고 하는 3세 반 원아
의 부친이었다. 자영업을 하는 K토는 자유롭게 시간을 쓸 수 있
어서 아이를 데리러 자주 왔다. 원장을 발견한 K토가 가볍게 고
개를 숙였다. 원장이 가까이 다가가 인사를 건네자 K토가 불쑥
말을 꺼냈다.

"사실은 A미 선생님의 남편분과 함께 일하게 되었어요. 예전
에 인테리어 일을 하신 경험이 있다고 하셔서 저희도 마침 일손
이 부족하던 참에 얼마나 다행인지 몰라요."

예상치도 못한 말에 원장은 깜짝 놀랐다. 옆에 있던 A미가 방긋 웃으며 덧붙였다.

"그래서 앞으로 K토 씨에게 여러모로 신세를 지게 되었어요."

원장은 일단 잘 부탁한다고 말하고 서둘러 대화를 끝내고는 A미를 원장실로 불렀다.

"A미 씨 유치원 규칙에 학부모와 개인적으로 연락을 주고받지 못하게 되어 있는 거 아시죠? 근데 어떻게 된 일이죠?"

A미는 태연하게 대답했다.

"K토 씨가 일손이 부족해서 힘들다고 하시더라고요. 우리 유치원에 다니는 원아의 아버지한테 저희 남편이 조금이나마 도움이 되면 좋겠다 싶어서 그랬을 뿐이에요!"

"K토 씨의 아이는 A미 씨네 반 학생이잖아요. 나중에 혹시라도 문제가 생기면 곤란해진다고요."

A미의 남편이 한곳에 정착하지 못하고 자주 이직한다는 사실을 원장도 알고 있었기 때문에 K토와 A미의 남편 사이에 문제가 생길까 봐 불안했다. 원아가 졸업했다면 몰라도 유치원에 다니는 동안에는 학부모와 적당한 거리를 둘 필요가 있다고 원장은 생각했다. 그러나 원장이 몇 번을 말해도 A미는 듣지 않았다.

"알겠습니다. 그러면 제가 그만두면 아무런 문제도 없는 거죠?"

A미는 또 퇴사 카드를 꺼내 들었다. 이번에는 원장도 생각할 시간을 달라고 하고 대화를 끝냈다.

설마 했던 학부모와의 불륜 관계

●●●

A미는 남편이 K토의 회사에 취직한 사실을 동료에게 자랑했다.

"K토 씨네 회사 월급도 많이 주는 것 같더라고. 너무 잘 됐어!"

A미의 말을 들은 T코는 원장을 찾아갔다.

"학부모 사이에서 소문이 돌면 문제가 되지 않을까요?"

원장은 역시 그냥 두고 볼 수만은 없다고 판단하여 K토와 A미를 불러 대화를 나눠 볼 생각이었다. 그러던 중 갑자기 K토의 아내가 원장을 찾아왔다. 평소에는 남편인 K토가 아이를 데리러 왔기 때문에 아내의 방문은 뜻밖의 일이었다. 무슨 일이 생긴 것은 아닌지 불안해하며 응접실로 안내했다.

K토의 아내는 매우 지친 기색으로 눈물을 뚝뚝 흘렸다. 깜짝 놀란 원장이 이유를 묻자 아내의 입에서는 믿기 어려운 말이 흘

러나왔다.

K토가 최근 일이 바쁘다며 아이를 유치원에서 데리고 온 후 밤에 외출하는 일이 잦아졌다. 처음에는 그저 일이 많은 줄로만 알았는데 유치원의 엄마 모임에서 만난 친구에게 이상한 소문을 들었다. A미와 K토가 사이좋게 거리를 걷고 있는 모습을 봤다는 것이었다. 놀란 마음을 감추고 사실 확인을 위해 남편에게 물었더니 우연히 만났을 뿐이라고 하며 더 이상의 대화를 피했다.

그 모습이 수상하여 남편의 스마트폰을 몰래 봤더니 A미와의 불륜 관계를 확신하게 하는 증거가 있었다. 매우 충격을 받아서 아이를 유치원에 보내는 것조차 괴롭다고 했다. K토의 아내는 A미에게 위자료를 청구할 생각이고, 유치원에서도 A미에게 적절한 처분을 내려줄 것을 요청했다.

원장은 놀랐지만 혹시라도 오해가 있을지도 모른다는 생각에 A미와 대화를 나눠보겠다고 하고 K토의 아내를 돌려보냈다. 원장은 바로 A미를 불러서 K토와의 관계에 관해 물었다. A미는 새파랗게 질린 얼굴로 "우연히 만났을 뿐이다", "남편의 취직 문제로 연락을 했을 뿐이다"라고 주장했다.

그러나 K토의 아내가 스마트폰에서 두 사람이 주고받은 메시지를 보았고, 위자료를 청구할 생각인 것 같다고 전하자 크게 당황했다. 그러다 마침내 불륜 사실을 인정했다. 원장은 설마 A미가 그 정도로 윤리의식이 부족할 줄은 몰랐기에 어처구니가 없어서 분노가 치밀었다.

"처분은 지금부터 생각해볼 테니 일단 집에서 대기해주세요."

그 후 K토의 아이는 한동안 유치원에 나오지 않다가 끝내 유치원을 그만두었다. 결국 K토의 부부는 이혼했고, 아이는 아내가 키우기로 했다. A미의 남편은 자신의 아내와 K토가 불륜을 저질렀다는 사실은 눈치 채지 못한 듯했으나, K토의 회사에서도 일에 적응하지 못하고 금세 그만둔 상태였다. 그리고 A미는 결과적으로 지금도 유치원에서 일하고 있다.

원장은 처음엔 A미를 해고할 생각이었지만, A미가 많이 반성한 모습을 보인 점, 남편의 이직으로 인해 경제적으로도 곤란한 상황이라는 점, K토와는 이미 연락을 끊은 점을 고려하여 강등 처분만 내렸다.

그러나 그런 일이 있고 나서도 A미는 변함없이 직장에서 동료의 험담을 하고 업무에 대한 불만을 시도 때도 없이 늘어놓았고 여전히 자신의 기분에 따라 T코를 막 대했다.

"그때 잘렸으면 좋았을 텐데…."

T코를 비롯한 동료는 원장의 처분에 의문을 가졌다. 앞으로도 A미의 제멋대로인 말과 행동에 휘둘려야 한다는 불길한 예감을 감출 수 없는 동료들이었다.

그만두겠다는 부하의 협박에
굴복하지 말라

A미와 같이 윤리의식이 부족하고 유치한 자기중심적 성격의 부하에게 휘둘리는 상사가 의외로 많다. 이런 경우 문제행동에 대해 하나하나 냉정하게 대처해 나가는 것이 중요하다. 원래부터 A미는 직장에서 동료의 험담과 업무에 대한 불평, 기분에 따라 사람을 함부로 대하는 등 태도에 문제가 있었다. 그리고 그런 행동을 지적하면 바로 그만두겠다며 협박했다.

이번 사례에서처럼 그만두겠다는 말에 쉽게 굴복하면 그만둔다는 말을 무기 삼아 상대방을 자기 뜻대로 조종할 수 있다는 잘못된 메시지를 심어주게 된다. 물론 유치원 등은 정해진 보육교사의 수가 부족하면 운영이 어렵기 때문에 누군가 그만두면 문제가 생긴다. 그러나 A미와 같은 몬스터 부하를 그대로 방치하면 나중에 더 큰 화를 불러올 수 있다.

상대방의 협박에 굴복하지 말고 안 되는 일은 안 된다고 확실하게 전달해야 한다. 그리고 문제행위로 인해 업무에 지장이 생기면 상황에 따라서 처분을 검토할 필요도 있다. 입버릇처럼 그만둔다는 말을 반복하는 상대방의 협박에 휘둘리지 않는 것이 중요하다.

회사 경비를 사적인 곳에…

가짜 영수증으로 경비를 가로채서
유흥업소에 탕진하는 부하

J사는?

창립한 지 80년 된 종합상사. 종업원 수는 600명 정도로 일본 전국 각지와 해외로 사업을 확장하고 있다. 건강한 경영을 추진하면서 근무시간 절감에도 앞장서고 있다.

등장인물

K다   30대 후반의 남성 영업 직원으로 상사인 Y가와의 입사 동기다. 자신보다 좋은 평가를 받는 Y가와를 질투하여 사사건건 불만을 제기한다. 독신으로 모친과 둘이 살고 있다.

Y가와   K다의 입사 동기지만 일찍 승진하여 영업소장 직책을 맡고 있다. 온화하고 성실한 성품으로 회사와 거래처에서 좋은 평가를 받고 있다. 자신에게 매번 삐딱하게 구는 K다에게 화가 날 때가 많다. 아내와 중학생 딸이 있다.

N시마   30대 후반의 여성 영업 사무직원. 우수한 사무 처리 능력으로 Y가와에게 업무적으로 많은 도움을 주고 있다.

A모토   본사 경리부 소속의 40대 경리과장. 영업부 출신으로 과거 Y가와의 상사였다. Y가와를 신입 시절부터 예뻐하여 지금도 가끔 만나 한잔하는 사이다.

과거의 동기가 지금은 부하로!
통제가 되지 않아 고민하는 관리

∞

어느 날 오후 영업부 K다가 최근 새로 개척한 신규 거래처 후보 중 하나인 M사에서 주문 전화가 걸려왔다. K다가 외출로 자리를 비운 사이 대신 전화를 받은 사무직원 N시마가 메모를 받아 소장인 Y가와에게 보고했다. J사는 내부 규정상 신규 거래처에 대하여 관리부의 거래처 조사가 끝나지 않으면 거래를 할 수 없게 되어 있다. 아직 조사 완료 보고를 받지 못한 Y가와는 영업소로 복귀한 K다를 불러 말했다.

"K다 씨, M사 담당자가 주문 전화를 했는데 아직 관리부의 신규 거래처 조사가 완료되지 않았으니 진행하지 말아 주세요."

K다는 Y가와를 힐끔 쳐다보고는 작게 혀를 찼다.

"제가 봤을 때 M사는 아무 문제도 없어요. 어차피 관리부도 바로 승인할 텐데 그냥 진행하죠?"

영업에서만큼은 자신이 동기인 Y가와보다 뛰어나다고 생각하는 K다는 자신보다 왜인지 빨리 출세한 Y가와에게 반항심을 가지고 있다. Y가와는 동기면서 부하 직원이기도 한 K다의 자존심이 상하지 않도록 평소에 신경을 쓰고 있지만, 매번 반복되는 K다의 도를 넘는 반항 행동에 머리가 아플 지경이었다.

"설사 그렇다고 해도 일단 사내 규정이니까 지켜주세요."

K다는 불만 가득한 얼굴로 Y가와의 말에는 대답을 하지 않고, "먼저 가보겠습니다"라는 말만 남기고 퇴근해 버렸다.

그 모습을 지켜보던 N시마가 Y가와에게 말을 걸었다.

"소장님, K다 씨의 태도는 문제가 있어요! 가만있지 말고 강하게 한마디 하시는 게 좋을 것 같아요."

"아무래도 동기이다 보니 말하기가 쉽지 않네요."

Y가와는 애써 미소를 지어 보였다.

"소장님도 사람이 너무 좋아서 탈이에요."

그런 Y가와를 따라 N시마도 웃었다.

접대 명목으로 제출된
수상한 영수증

며칠 뒤 영업 사원이 제출한 영수증을 정리하던 N시마가 급하게 Y카와를 불렀다.

"소장님, K다 씨가 제출한 접대비 말인데요. 최근 몇 개월간 올라오는 금액이 꽤 커서요."

K다는 신규 거래처를 적극적으로 개척하고 있기 때문에 접대 빈도도 금액도 비교적 많은 편이었다. 거의 매일같이 접대 목적으로 술을 마시고, 일정표에도 접대 계획이 빼곡하게 적혀 있다.

"최근에 신규 업체를 계속해서 개척하고 있기 때문에 그런 거 아닐까요?"

그러자 N시마는 "사실은…"이라며 조심스럽게 입을 열었다.

며칠 전 N시마는 친구와 밥을 먹으러 일식당에 갔다가 식당

의 카운터 자리에 앉아 있는 K다를 우연히 보았다. K다는 유흥
업소 직원처럼 보이는 여성과 함께 있었다. K다는 N시마를 발견
하지 못한 듯했고 그 여성과 꽤 가까운 사이로 보였다.

"게다가 그때의 영수증을 제출했어요. M사 접대 목적이라면
서요."

N시마는 Y가와에게 K다가 제출한 영수증을 몇 장 보여줬다.
모두 같은 일식당에서 사용한 영수증으로 전부 M사의 접대 명목
으로 지출한 비용이었다. 같은 거래처에 주 2~3회나 접대를 하
다니 아무래도 수상했다. Y가와는 확인을 위해 영수증을 챙겼다.

"제가 좋아하지도 않는 접대를 해가면서 열심히 실적을 올리
고 있는데 도대체 뭐가 문제입니까?"

Y가와가 영수증에 대해 묻자 K다는 격분하며 말했다.

"아니 문제가 있다는 게 아니라 건수가 아무래도 많아서 어떤
상황인지 궁금해서 물어봤을 뿐이에요."

Y가와가 침착하게 설명했음에도 불구하고 K다는 화를 멈추
지 않았다.

"그렇게 제가 마음에 안 들면 자르든가 부서를 옮겨버리든가
하세요! 영.업.소.장.님."

K다는 막말을 내뱉고 자리를 박차고 나가버렸다. 한숨을 내
쉬는 Y가와 옆으로 N시마가 다가왔다.

"소장님, 아무리 봐도 수상해요. 찔리는 게 있으니까 더 큰소리치는 것 같아요."

Y가와는 고민 끝에 예전 자신의 상사이자 지금은 경리과에 있는 A모토에게 조언을 구하기로 했다.

"그러게 수상하긴 하네. 어떻게 하는 게 좋겠어? 내가 알아봐 줄 수는 있어. 근데 만약에 진짜 부정을 저지르고 있다면 자네도 관리책임 문제로 조사를 받게 될 수 있어."

업무를 마치고 이자카야에서 Y가와를 만난 A모토는 맥주를 들이키며 Y가와가 하는 말을 들었다. Y가와는 잠시 고민했지만, 접대비가 부적절하게 사용되었다면 문제가 더 커지기 전에 대처하는 편이 낫다고 판단하여 A모토에게 조사를 부탁했다.

경비라고 적고
유흥비로 사라지다

⚮

몇 주가 흐른 뒤 A모토는 Y가와를 불러 영수증에 대해 조사한 결과를 알렸다. 우려했던 대로 부정이 있었다. M사에도 조용히 확인했지만 실제로 접대는 이루어지지 않았다. 게다가 접대에 이용한 일식당도 K다와 공모하여 가공의 영수증을 발행하고 있던 사실이 밝혀졌다.

"아마 다음 주쯤에 인사부에서 사실 확인을 위한 조사가 있을 거야. K다뿐만 아니라 상사인 자네도 부르지 않을까 싶어."

A모토의 말이 끝나자 Y가와는 감사인사를 하고 인사부의 조사를 기다렸다. 며칠 뒤 관련자 인터뷰가 열렸고 인사부는 K다가 빠져나가지 못할 여러 증거와 증언을 제시했다. 그러자 K다도 더는 부정하지 못하고 이내 사실을 실토했다.

K다가 영수증을 이용해 저지른 부정은 수십만 엔에 달했다. 대부분 유흥업소에서 일하는 여성에게 지불했고 그녀와의 식사비는 물론 일식당과 공모하여 발행한 가짜 영수증으로 가로챈 경비는 그녀에게 줄 선물을 사는 데 사용했다고 했다. 결국 K다는 부정으로 얻은 경비 전액을 반환한 다음 퇴사 처분을 받았다.

회사에 대한 불만이
부정으로 이어지는 경우도 있다

경비의 부정 청구는 비교적 자주 언급되는 문제다. 특히 영업직과 같이 외부 활동이 많은 직원의 모든 행적을 세세하게 살피기 어렵다. 그렇기 때문에 미리 예방책을 세워 둘 필요가 있다. 이번에는 접대교통비의 부정 청구 사례였지만, 교통비의 부정이나 출장비의 부정 등 경비의 부정 청구 사례는 다양하다.

비교적 많이 발견되는 교통비 부정 청구의 경우 귀찮더라도 경로를 확인하고, 출퇴근 구간을 제외하는 등 반드시 확인하는 절차가 필요하다. 아무런 확인 절차를 거치지 않는다는 사실이 알려지면 이 점을 악용하여 규칙을 지키지 않는 사람이 점점 늘어나 부정의 온상이 된다.

또 출장이나 접대의 경우 사전승인제도를 도입하여 미리 경비한도를 철저히 관리하는 것도 하나의 방법이다. 언제, 어디서, 누구와 무엇 때문인지(목적)를 기재하여 미리 결재를 올리고 승인되는 만큼만 경비로 인정해야 한다. 또 접대비의 경우 이용할 음식점을 회사에서 몇 군데 지정해두는 것도 부정 방지에 효과적이다.

한편, 경비의 부정 청구는 개인의 윤리의식 문제이기도 하지만 회사에 대한 불만이 쌓여서 이루어지는 경우도 많다. 급여나 대우, 사내 인간관계 등에서 불만이 생기면 회사에 악의를 품고 제멋대로 부정을 저질러도 상관없다고 여기는 사람이 생겨난다. 부정을 막을 수 있도록 회사의 내부 통제를 검토하는 동시에 직원의 윤리의식이 부족하지 않은지 사내 환경에 관심을 가지고 살피는 일도 중요하다.

사무실에서 주식 거래를?

업무시간에 회사 컴퓨터로
주식을 거래하는 부하

B건설사무소의 개요

건물 리폼과 외관 설계 및 시공을 담당하는 건설사무소로 종업원 수는 20명 정도다. 사내 분위기는 자유롭고 인간관계도 좋은 편이다.

등장인물

K바야시 B건설사무소에서 디자인을 담당하는 30대 남성으로 독신이다. 지각을 하거나 거래처와의 약속을 잊어버리는 등의 문제를 일으키고 있다.

Y하시 40대 남성으로 성실한 업무 태도가 좋은 평가를 얻어서 매니저로 발탁되었다. K바야시의 상사로 자주 문제를 일으키는 K바야시에 대한 고민이 많다.

O야 20대 독신 남성으로 K바야시의 후배다. 독특한 디자인 센스로 거래처의 평가가 좋다. 다만 내키지 않으면 일을 거부하는 등 대하기 까다로운 상대다.

B우치 B건설사무소의 대표로 50대 남성. 대형 건설회사를 퇴사하고 20년 전에 B건설사무소를 세웠다. 작은 일에 집착하지 않는 대범한 성격의 소유자다.

거래처에서 클레임이 쏟아지는 직원,
그 이유는?

∞

"벌써 세 번째예요. 정도껏 하셔야죠. 어쩌자는 겁니까?"

Y하시는 거래처에서 걸려온 클레임 전화를 받고 연신 사과를
했다.

"죄송합니다. 본인에게 확인해서 바로 대응할 수 있게 전달하
겠습니다."

겨우 수습을 하고 전화를 끊은 Y하시는 크게 한숨을 내쉬고는
가까이에 있던 O야에게 물었다.

"K바야시는 어디 갔어?"

"글쎄요? 화이트보드에 안 적혀 있습니까?"

O야는 컴퓨터 모니터에서 눈을 떼지 않은 채 대답했다. Y하
시는 스케줄이 적힌 화이트보드를 확인했지만 K바야시의 일정

은 비어 있었다. "도대체 말도 없이 어딜 간 거야!" Y하시는 화가 나서 K바야시의 휴대폰으로 전화를 걸었다. 몇 번인가 신호음이 이어진 다음에 K바야시가 전화를 받았다.

"K바야시, 지금 어디야? ○○씨한테 전화가 왔었어. 납기가 또 연기됐다고 엄청 화가 나 있던데. 진짜야?"

"그쪽에 이미 다 확인받은 건데요. 지금 미팅이 끝났으니 일단 복귀하겠습니다."

K바야시는 대수롭지 않은 일인 양 대답하고 전화를 끊었다. 최근 몇 개월간 K바야시에 대한 클레임이 셀 수 없을 정도로 많았다. 납기일을 멋대로 연기하거나 미팅 시간에 나타나지 않은 일도 있었다. 의뢰한 샘플을 아무리 기다려도 보내주지 않거나 부재중 전화에 회신도 없고, 미팅에서도 계속해서 휴대폰을 만지는 등 다 셀 수 없을 정도였다.

Y하시가 클레임이 있을 때마다 주의를 주었지만, K바야시의 행동은 바뀌지 않았다. 소장인 B우치에게도 몇 번인가 상담했지만 "지금 일손이 부족하니까 자를 수도 없고 잘 얘기해봐"라고 할 뿐 대수롭지 않게 여기는 눈치였다. Y하시는 고객의 클레임에 점점 지쳐갔다.

K바야시가 사무실로 돌아오자 Y하시는 클레임이 들어온 건에 대해 물었다. K바야시는 진행하고 있는 업무가 많다 보니 처

음에 정한 스케줄에 맞추기가 어려워져서 거래처의 허락을 받고 일정을 변경했다고 주장했다.

"하지만 거래처는 납득을 못 했으니까 전화한 거 아니야?"

이어서 Y하시는 최근 K바야시가 받은 클레임에 대해서도 물었다.

"최근 거래처에서 클레임이 엄청 많이 들어오는데 무슨 일 있어? 업무량이 많으면 조정해줄 테니까 말해 봐."

K바야시는 업무량에는 문제가 없다고 대답했다. Y하시가 계속 물어도 죄송하다고만 할 뿐 결국 이유는 듣지 못했다. K바야시가 다음 미팅 일정으로 외출하자 자리에 앉아 작업을 하면서 두 사람의 대화를 듣던 O야가 Y하시에게 말을 걸었다.

"K바야시 선배 말인데요. 요즘 큰 문제가 있는 것 같아요."

O야는 K바야시가 빚 상환 때문에 다른 일에 신경 쓸 여유가 없어 보인다고 했다. O야도 본인에게 자세히 듣지는 못했지만 투자한 일이 잘 풀리지 않아서 손해를 봤고, 그 손해를 메우기 위해서 주식에 손을 댔다가 더 큰 빚을 지게 된 것 같다고 했다.

"업무 시간에도 계속 컴퓨터와 스마트폰으로 주가를 확인하던데 모르셨어요?"

O야는 아무것도 모르는 듯한 Y하시를 반쯤 놀란 얼굴로 바라보았다. 상사로서의 관리 능력 부족을 지적당한 기분이 들어 부

끄러워진 Y하시는 사실을 확인하기 위해 K바야시의 컴퓨터 이력을 조사했다.

그 결과 꽤 많은 시간을 업무와 관계없는 주식 거래, 부동산 투자, 게다가 범죄와 다름없어 보이는 돈 버는 방법을 검색하는 데 사용하고 있었다. "이게 클레임의 원인인가?" Y하시는 분노가 치밀어 올랐다.

부동산 투자 실패로
큰 빚을 지다

K바야시에게 어떻게 말을 꺼낼지 고민을 하던 중에 회사로 K바야시를 찾는 전화가 걸려왔다. 대신 전화를 받은 O야가 K바야시의 부재를 알리자 상대방은 K바야시가 지금도 B사무소에 다니는지, 몇 시에 돌아오는지 등 여러 질문을 했다. 수상하게 여긴 O야가 적당히 둘러댄 다음 전화를 끊고 이를 Y하시에게 보고했다.

"지금 걸려온 전화, K바야시 선배를 찾는 전화인데요. K바야시 선배와 연락이 되지 않아서 회사로 전화했다는데요."

Y하시가 상황 파악에 힘쓰고 있을 때 B우치 소장이 봉투 하나를 들고 사무실로 들어왔다.

"K바야시는 어디 갔나? 법원에서 우편물이 왔는데, 무슨 일인지 알아?"

Y하시와 O야가 B우치의 허락을 받아 봉투 안의 내용물을 확인해 보니 '채권압류명령서'와 '진술서'가 들어 있었다. 소비자금융에서 K바야시가 빌린 80만 엔에 대해 급여를 압류하겠다는 내용이었다.

'역시 빚에 쫓기고 있던 거였군.'

Y하시의 고민이 깊어졌다. 외출에서 돌아온 K바야시에게 법원이 보낸 서류를 전달하면서 B우치 소장과 Y하시가 추궁하자 K바야시는 체념한 듯 털어놓기 시작했다.

몇 년 전 학창 시절에 알고 지내던 친구의 소개로 부동산 투자를 시작했는데 8,000만 엔 정도 대출을 받아서 도쿄 시내에 아파트를 지었다. 처음 계획대로라면 대출 상환액보다 집세로 들어올 수입이 많기 때문에 대출을 상환하면서도 현금을 손에 쥘 수 있는 상황이었다.

처음에는 계획대로 잘 되었지만 고정자산세와 수선비, 입주자가 퇴거한 다음의 모집 광고 등에 생각보다 많은 비용이 들었다. 게다가 현금 수입을 더 늘려보고자 저축한 돈을 주식에 전부 쏟아부었다. 그래서 근무 중에도 신경이 쓰여서 컴퓨터와 스마트폰으로 주가를 계속 확인하게 되었다. 법원이 보낸 압류 명령서는 이전에 생활비가 부족하여 소비자금융에서 빌린 분에 대한 것이라고 했다.

부하가 빚에 시달리고 있다는 사실에 Y하시는 놀랐다. 그리고 이렇게까지 사태가 심각해지기 전에 왜 미리 자신에게 상담을 하지 않았을까 하는 안타까운 마음이 들었다. 동시에 상사로서 능력이 부족했다는 자책이 들었다.

K바야시의 빚은 결국 K바야시의 부친이 대신 갚기로 했다. K바야시는 B건설사무소에서 퇴사하고 고향에 돌아가 부모님의 일을 돕기로 했다.

집중력이 눈에 띄게
떨어진 직원은 주시해야 한다

연공서열, 종신고용제도의 붕괴로 미래가 불투명해진 탓에 투자를 권하는 서적이나 사이트가 세상에 넘쳐난다. 그중에는 위험성에 대한 충분한 설명 없이 간단하게 돈을 벌 수 있을 것 같아 보이는 방법도 있다. 물론 투자 자체는 문제가 없으므로 돈의 운용하는 것은 개인의 자유이자 자신의 책임이다. 그러나 일이 잘 풀리지 않아 본업에까지 영향을 미친다면 문제가 된다.

회사는 직원 개인의 투자 활동을 일일이 감시하기 어렵다. 이번 사례와 같이 부하가 실수를 반복하거나 집중력이 떨어진 모습을 자주 보이면 신변에 문제가 없는지 주의 깊게 살펴야 한다. 그리고 대화를 나눔으로써 문제가 커지는 것을 미연에 방지해야 한다.

성추행 사건으로 둔갑!

사내 불륜이 성폭력으로 둔갑?
상대방에게 차이고 복수하는 여성 몬스터 직원

D사는?

창립한 지 40년 된 빌딩 건설공사의 하청업체로 종업원 수는 200명 정도다. 업무 실적은 안정적으로 성장하고 있으며 사내의 인간관계도 좋은 편이다.

등장인물

O가와 대학교를 졸업하고 D사에 입사하여 현재는 총무부의 주임을 맡고 있는 40대 남성. 아내와 중학생이 되는 아들이 있지만, 동료인 A사카와 불륜 관계에 있다.

A사카 30대 여성으로 전문대학교를 졸업하고 D사에 입사하여 총무부에서 근무하고 있다. 결혼하여 초등학생인 아이가 한 명 있고 남편은 현재 실직 상태다. 같은 부서의 O가와와 불륜 관계를 맺고 있다.

A사카의 남편 A사카와 학창 시절부터 사귄 사이로 12년 전에 결혼했다. 몇 개월 전에 회사에서 정리해고를 당하여 현재 무직이다.

S모토 D사의 총무부장으로 A사카와 O가와의 상사인 50대 남성. 분쟁을 싫어하고 무슨 일이든 원만하게 해결하고 싶어 하는 무사안일주의자.

여성 직원의 남편이
성폭행을 고발하다

〰️

S모토는 업무가 시작되기 전 자리에 앉아 차를 마시며 신문을 읽고 있었다.

"부장님, A사카 씨의 남편분이 전화를 주셨는데요."

'A사카의 남편이 무슨 일이지?' 의아해 하며 전화를 받은 S모토는 생각지도 못한 이야기에 깜짝 놀라고 말았다.

"총무부 A사카의 남편 되는 사람입니다. 아내가 같은 부서 O가와란 사람에게 성폭행을 당해 정신적으로 큰 충격을 받은 상태입니다. 그래서 오늘은 출근하기 어려울 것 같습니다. 이번 일을 회사에서 어떻게 처리하실지 아내를 대신하여 제가 이야기를 나누고 싶습니다."

S모토는 갑작스러운 상황에 혼란스러워졌다. A사카와 O가와

두 사람 모두 총무부 소속 직원으로 자신의 부하지만, O가와가 A사카를 성폭행했다는 말은 처음 들었을 뿐만 아니라 지금까지 그런 유사한 상황을 목격한 적도 없었다. A사카의 남편에 의하면 다음과 같은 일이 있었다고 한다.

O가와가 외근을 마치고 돌아오는 차 안에서 조수석에 앉아 있던 A사카의 허리와 다리를 만지며 관계를 요구했다. A사카는 거절했지만 거부하면 멀리 떨어진 지점으로 전근을 보내겠다며 자신의 인사권을 가지고 협박하여 어쩔 수 없이 관계를 맺었다. 그 후 집요하게 메시지를 보내고 데이트를 핑계로 불러내는 등 거부하면 그때 일을 모두에게 알리겠다며 협박했다.

A사카의 남편은 분노에 차서 회사의 대응에 따라 법적 조치를 취할 수도 있다고 단호하게 말했다. S모토는 그 말을 그대로 믿기 어려웠지만 일단 사실을 확인한 다음 다시 연락하기로 하고 전화를 끊었다.

알고 보니 성폭행이 아닌
불륜 관계

∞

S모토는 회의실로 O가와를 불러 A사카의 남편에게 들은 전화 내용에 대해 확인했다. O가와는 얼굴이 새파랗게 질려 처음에는 성폭행 사실을 부인했다. 그러나 A사카의 남편이 경우에 따라서는 법적 조치를 취할 생각인 것 같다고 전하자, 떨리는 목소리로 털어놓기 시작했다.

O가와의 말에 의하면 A사카와는 반년 전부터 불륜 관계를 맺고 있었다. 그즈음 A사카의 남편이 회사에서 해고를 당하여 A사카가 상담을 부탁했다. 업무가 끝나고 같이 식사를 하면서 몇 번인가 상담해주던 중에 A사카에게 고백을 받았고, 이를 거부하지 못하고 관계를 맺게 되었다고 했다. S모토는 어처구니가 없었지만 사실관계를 확실히 할 필요가 있었다.

"그러면 차 안에서 강제로 관계를 요구했다는 것은 사실이 아닌 거지?"

O가와는 결코 강제로 관계를 맺은 적이 없다며 성폭행에 대해서는 부정했다. 그렇다면 A사카가 남편에게 성폭행을 당했다고 말한 이유에 대해 짐작 가는 점이 없는지 묻자, O가와는 며칠 전에 있었던 일에 대해 말했다.

며칠 전 A사카와 데이트를 하던 중에 A사카가 지금의 남편과 이혼하고 O가와와 재혼하고 싶다는 의사를 밝혔다고 한다. O가와는 A사카에게 책임감을 느끼지만 아내와 아들을 사랑하기 때문에 이혼할 수 없다고 솔직하게 말하자 A사카는 크게 화를 냈다.

"날 가지고 논 거야? 혼자만 행복하게 둘 수 없지! 당신 아내한테도 다 말할 거야!"

옥신각신하던 끝에 A사카는 자리를 박차고 나가버렸다.

"관계를 맺은 건 제 잘못이지만 혹시나 복수를 위해서 성폭행을 당했다고 말한 걸지도 모르겠네요."

O가와는 폐를 끼쳐서 죄송하다며 S모토에게 사과했다. S모토는 A사카의 남편과 다시 만나보겠다고 하고 대화를 마쳤다. O가와는 평소 성실하고 건실한 업무 태도로 회사 내에서 평판이 좋았다. 그런 O가와가 사내 불륜을 저질렀다는 사실에 S모토는 놀랐지만 O가와의 말에 거짓은 없어 보였다.

'성가시게 되었군….'

귀찮은 일을 싫어하는 S모토는 고민에 빠졌다. 며칠 뒤 A사카의 남편이 S모토를 찾아왔다. A사카의 남편은 성폭행 사실을 인정하고 사과한 다음 자신의 요구를 받아들이면 고소는 하지 않겠다고 했다. A사카의 남편이 제시한 요구는 O가와를 해고하고 A사카의 몸 상태가 좋아질 때까지 휴직을 인정해주는 것 그리고 회사와 O가와가 A사카에게 각각 300만 엔의 위자료를 지급하는 것이었다. S모토는 남편의 말을 다 듣고 난 다음 입을 열었다.

"사실 제가 O가와에게 들은 내용은 남편분께서 말씀하신 것과 조금 다른 부분이 있습니다."

O가와에게 들은 내용을 가능한 한 남편을 자극하지 않도록 단어를 잘 골라 전달했다. 그러자 A사카의 남편은 분노하며 목소리를 높였다.

"아내가 강제로 당했다고 했습니다. 그런데 합의된 불륜 관계라니 잘도 그런 말을 하시네요! 알겠습니다. 회사가 이렇게 나온다면 저희도 다 생각이 있습니다."

말을 마친 A사카의 남편은 회의실을 나갔다. 몇 주가 흐른 어느 날, 어느 변호사 사무소에서 회사 앞으로 내용 증명을 보내왔다. O가와의 성폭행에 대한 사죄와 위자료를 요구하는 내용이었고 지정한 날짜까지 이를 시행하지 않을 경우 법적 조치를 취한 다고 되어 있었다.

일이 이렇게 전개될 것을 예상했던 S모토는 미리 상담해둔 회 사 고문 변호사에게 바로 연락을 했다. 상대편 변호사와 이야기 를 나눈 고문 변호사가 S모토에게 전화를 걸었다.

"이번 건은 A사카 씨의 남편이 주도해서 변호사한테 상담을 받은 것 같네요. 제 생각에는 성폭행이 실제로 있었는지 어땠는 지 입증하기 애매한 부분이 있습니다. 다만 두 사람 사이에 남녀 관계가 있었던 것은 사실로 보이니 합의 여부는 입증하기 어렵 다고 봅니다."

변호사는 A사카 측이 두 사람의 관계를 뒷받침하는 증거를 가 지고 있고 O가와도 남녀관계가 있었다는 사실은 인정했기 때문 에 설령 두 사람 사이에 합의가 있었다고 하더라도 A사카 측에 서 상사인 O가와가 자신의 직급을 이용하여 관계를 요구했다고 주장하면, 이를 반박할 증거를 제출하기 어렵다고 했다. 실제로 O가와는 A사카의 관계가 합의하에 이루어졌음을 주장할 수 있 는 메시지나 대화 기록 등을 가지고 있지 않았던 것이다.

"아마 불륜 사실을 들킨 아내가 성폭행을 당했다고 남편한테 말한 게 아닐까요? 남편도 의심스러운 부분이 있지만 한몫 챙 길 수 있다고 생각했을지도 모르고요. 아니면 불륜 상대에게 버

림받았다고 생각한 여자 쪽이 상대방을 곤란하게 만들고 싶었을 수도 있고요. 그렇다고 해도 남편한테 그런 말을 할 때는 그만큼의 위험 부담이 있었을 텐데. 어쩌면 이미 부부 사이가 틀어진 상태일지도 모르겠네요."

변호사는 어디까지나 자신의 추측임을 강조하며 말을 이어갔다. S모토는 어느 쪽의 말이 진실인지 알 수 없었지만, 한시라도 빨리 일을 마무리하고 싶었기에 적당한 금액으로 합의하는 편이 좋겠다는 변호사의 의견을 받아들이기로 했다. O사의 임원도 소송 등으로 인하여 회사의 이름이 언급되면 곤란하다고 판단하여 합의를 승인했다.

그 후 A사카는 몇 개월간의 휴직을 끝내고 다른 부서로 복귀했다. 그리고 남편과 이미 이혼한 사실이 알려졌다. 복귀한 뒤 A사카는 아무 일도 없었던 것처럼 묵묵히 일했고 성폭행 사건을 아는 주변 직원들도 그 사건을 더는 입에 담지 않고 조심스럽게 대했다. O가와는 책임을 지고 스스로 퇴사했다.

사내연애가 성추행 사건으로 변할 위험을 고려하라

회사에 따라서는 사내연애를 규칙으로 금지하는 곳이 있다고 들었다. 사람의 감정을 규칙으로 속박하기는 어렵다. 오랫동안 한 공간에서 시간을 보내는 남녀가 연인관계로 발전하는 것도 무리는 아니다. 그러나 관계가 잘 유지될 때는 괜찮지만 두 사람의 관계가 무너지면 문제로 발전하는 경우가 적지 않다. 만약 그 관계가 상사와 부하의 불륜 관계라면 문제가 발생했을 때 위험 부담이 더욱 커진다.

상사와 부하 사이의 연애 관계나 불륜 관계가 틀어졌을 때, 부하 측에서 관계를 강요받았고 직장 상사이기 때문에 거절하지 못했다고 성폭행을 주장할 경우 문제가 발생한다. '합의된 관계'라는 사실을 증명하지 못하면 상대방의 주장이 그대로 인정될 가능성이 높다. 더구나 불륜 관계인 경우 사내 풍기문란으로 책임져야 하는 상황이 발생할 수도 있다. 부하 직원과의 연애나 사내 불륜에 대해서는 아무쪼록 입장을 생각해서 신중한 태도를 취하는 것이 중요하다.

사례 6

폭력으로 위화감을 조성

휴일 출근 수당을 받아 바비큐 파티?
갖은 악행을 저지르는 '깡패' 직원

W제작소는?

창립한 지 50년 된 기계 부품 제조회사로 간토 근교와 도호쿠 지방에 공장이 있다. 종업원 수는 120명 정도로 대기업과의 안정된 거래를 바탕으로 경영은 순조로운 편이다.

등장인물

F시마 30대 남성 직원으로 도호쿠 지방에서 학교를 졸업하고 W제작소의 도호쿠 공장에서 근무하고 있다. 고등학교 시절 소위 문제아로 불렸다. 지금도 당시의 선배, 후배들과 관계를 이어가고 있다.

U무라 몇 개월 전에 간토 공장에서 도호쿠 공장의 공장장으로 부임한 40대 남성. 성실한 근무 태도가 회사 내에서 우수한 평가를 받아 공장장으로 승진했다. 소심하고 차분한 성격의 소유자다.

D이 W제작소의 하청을 받아 특수 부품을 제조하는 개인사업자다. W제작소에서 몇 번인가 입사를 권유했지만 조직에 속하는 것을 싫어하여 계속 거절하고 있다. F시마의 고등학교 후배다.

상사의 말을 듣지 않는
'깡패' 직원

"공장장님, 잠깐 시간 괜찮으세요?"

업무를 시작하기 전, 사무실에서 작업 순서를 확인하던 U무라 공장장을 검품 담당 여성 직원이 찾아왔다. 여성 직원은 W제작소의 외주업체인 D이에게 발주한 부품에 약간의 문제가 발견되어 재작업을 요청했지만, D이 측에서 아무 문제가 없다고 우기는 통에 난처한 상황에 처했다고 했다.

"D이 씨도 F시마 씨도 불만이 있냐며 일일이 으름장을 놓아요. 깡패도 아니고, 나이도 먹을 만큼 먹어서는 정말인지 꼴불견이라니까요. 검품 담당자들 사이에서 두 사람을 '일진'이라고 불러요."

여성 직원의 업무상 애로사항을 들은 U무라는 D이와 직접 대화를 나눠보기 위해 공장을 향했다. 공장에 가던 중 흡연실에서 F시마와 담배를 피우고 있는 D이를 발견한 U무라는 가까이 다가가 검품 건에 대해 말했다. 그러자 D이는 담배를 피우면서 귀찮다는 듯이 대답했다.

"큰 문제가 아니라는 데도 참. 저도 바쁜 사람인데 별것도 아닌 일로 트집을 잡으시니까 썩 유쾌하진 않습니다. 공장장님이 정 그러시다면 다시 작업하고요."

옆에서 두 사람의 대화를 듣던 F시마는 U무에게 다 들릴 정도의 큰 소리로 혼잣말을 내뱉었다.

"도호투 공장에 막 온 주제에 뭘 안다고."

U무라는 화가 치밀어 오르면서도 긴장으로 몸이 뻣뻣해지는 것을 느꼈다. 도호쿠 공장에 공장장으로 부임하고 나서 F시마의 반항적이고 자신을 무시하는 태도에 고민이 많았다. 학생 시절부터 모범생의 길을 걸어 온 U무라는 소위 일진으로 불리는 같은 반 학생들에게 자주 괴롭힘을 당했는데 F시마를 대할 때마다 그 시절의 나쁜 기억이 되살아났다.

F시마는 일부러 U무라에게 들리게 욕을 할 때도 있고 "당신 말을 내가 왜 들어야 해?"라며 위협적으로 반항할 때도 있었다. U무라는 매일 스트레스가 쌓여갔다.

휴일 출근 수당을 받아
바비큐 파티를 열다

어느 날 도쿄로 출장을 갔던 U무라는 볼 일이 생각보다 일찍 끝나는 바람에 일정을 앞당겨 일요일에 도호쿠로 돌아왔다. 집에 도착한 U무라는 F시마를 비롯한 공장 직원들이 일요일에 출근한다는 사실을 떠올렸다.

혼자만 쉬는 것이 미안해진 U무라는 모두에게 나눠 줄 간식과 음료수를 사서 공장을 향했다. 그러나 주차를 하고 공장에 들어가자 공장 안은 조용했고 아무도 없었다.

'이상하네? 휴일 출근은 안 하기로 한 건가?' 의아해하던 중, 공장 뒤편에 있는 공터에서 왁자지껄한 소리가 들려왔다. 수상하게 여긴 U무라는 공터로 발걸음을 옮겼다. 그곳에는 F시마와 공장 직원들, 하청업자인 D이, 거래처 관계자들이 모여서 바비큐 파티를 하고 있었다. 술병이 사방에 널려 있고 모두 건하게 취해 소란을 피우고 있었다.

U무라의 존재를 눈치 챈 F시마가 순간 당황한 기색을 보였지만 이내 상관없다는 듯이 그대로 파티를 이어갔다. U무라는 F시마를 따로 불러냈다.

"이게 무슨 상황입니까? 오늘은 납기 때문에 출근한다고 휴일 근무 신청서를 제출한 거로 압니다만."

"아, 그건 납기에 맞춰서 끝냈어요. 보시다시피 지금은 휴일 출근해서 거래처 접대하는 중입니다."

F시마는 당당하게 대답했다. U무라는 기가 막히는 동시에 분노가 치밀어 올라 강하게 맞섰다.

"접대 보고는 못 받았습니다. 그러니 휴일 출근 수당은 지급하지 않겠습니다. 그리고 공장 안에서 바비큐 파티를 하다니 비상식적인 행동입니다. 안전관리상 용납할 수 없어요. 당장 끝내도록 하세요."

U무라의 강경한 태도에 욱한 F시마가 목소리를 높였다.

"참나 접대라고 했잖아! 내가 당신한테 일일이 보고해야 해? 온 지 얼마 되지도 않았으면서 뭘 안다고 지껄여. 공장장이라고 봐주고 있었는데 여긴 여기만의 방식이 있으니까 모르면 가만있어!"

더 이상 F시마와의 대화가 무의미하다고 느낀 U무라는 모두
가 모인 곳으로 가서 파티의 끝을 알렸다. 그러자 취한 F시마와
D이가 달려들어 U무라에게 주먹을 휘둘렀다. 주변은 난장판이
되었고 싸움을 말리던 다른 직원도 상처를 입었다. 거래처 사람
까지 나선 다음에 겨우 상황이 마무리되었다.

과거 일진이었던 직원이 무서워
부정을 못 본 척하는 상사들

U무라가 F시마와 D이의 일을 본사에 보고하자 즉시 인사과 직원이 내려와 F시마를 비롯한 전 직원을 대상으로 청취 조사를 했다. 다른 직원을 조사하던 중에 F시마가 과거부터 주변 사람을 위협해서 제멋대로 행동해온 사실이 밝혀졌다. 종종 아침에 출근하여 출근 카드를 찍은 다음 그대로 파친코를 하러 가거나 회사 경비로 구입한 비품을 하청업체에 저렴한 가격으로 재판매하는 등 악질 행위도 저지르고 있었다.

놀라운 사실은 전 공장장은 그런 악행을 알면서도 F시마가 무서워서 모른 척했다는 것이었다. 심지어 F시마는 D이에게 W제작소의 일을 주면서 그 보답으로 소개비를 요구하고 있었다. D이는 학창 시절 선배인 F시마를 거스르지 못했지만, 자신 역시 안정된 일을 받을 수 있었기 때문에 결국은 서로 도움을 주고받는 공생관계였던 것이다.

F시마의 그간의 악행과 U무라와 주변 사람에게 폭력을 행사한 사실을 고려하여 인사부는 징계해고 처분을 내리기로 했다. F시마는 U무라와 다친 직원이 피해 신고를 하지 않는 대신 치료비를 지급하고 앞으로 W제작소의 직원과 접촉하지 않겠다는 조건을 받아들였다. D이에 대해서도 W제작소는 앞으로 모든 거래를 끊기로 했다. 직장에서 주변을 위협하는 '일진 직원'이 없어져 도호쿠 공장에도 평화가 찾아왔다.

부하에 의한
'직장 내 역 괴롭힘'은 분명 존재한다

　회사에는 조직의 상하 관계로는 파악하기 어려운 비공식적인 세력 간의 균형이 존재한다. 나이가 많은 부하나 선배 부하 등 상사로서 대하기 껄끄러운 경우도 적지 않게 있다. 그중에서 성질이 거친 부하가 폭언을 하거나 지시에 따르지 않아서 주변의 사기와 윤리 의식을 저하한다는 상담을 받은 적이 있다.

　이러한 말과 행동을 그대로 두면 상대방은 점점 활개를 치고 사내의 분위기를 해쳐서 조직이 붕괴될 우려가 있다. 초기에 빠르게 대응하는 것이 중요하다. 상사는 문제가 있는 직원이 규칙을 따르도록 강경한 태도로 맞서야 한다. 또 그들은 자신보다 약한 사람, 회사 내 입지가 불안한 사람에게 난폭하게 구는 등 상대를 가려서 행동한다. 때에 따라서는 만만한 상사를 다 같이 무시하도록 주변을 조종하는 등 '직장 내 역 괴롭힘'으로 볼 수 있는 악질적인 행동을 하기도 한다.

부하에게 무시를 당하면 관리 능력 부족, 상사로서의 자격이 부족해 보일 것을 두려워하여 회사에도 알리기 어렵다. 결국 누구에게도 상의하지 못하고 정신적으로 매우 피폐해진다. 회사는 역으로 상사가 부하에게 괴롭힘을 당할 수 있다는 사실을 전제에 두고 상담 창구를 설치하는 등 지원체제를 갖출 필요가 있다. 상사가 안심하고 업무에 전념할 수 있는 환경을 구축하는 것이 중요하다.

냄새도 직장 내 괴롭힘?

몸을 씻지 않아 주변에 악취를 내뿜는
'악취 폭력' 부하

M상사는?

창립한 지 30년 된 수입 상사. 종업원 수는 120명 정도로 도쿄에 본사를, 가나가와에 지사를 두고 있다. 직원의 평균 연령은 비교적 젊고 인간관계도 양호한 편이다.

등장인물

N하라 영업을 담당하는 30대 남성 직원으로 아내와 유치원에 다니는 아이가 있다. 성격은 좋게 말하면 소탈하지만 나쁘게 말하면 칠칠치 못하다. 폭음, 폭식과 운동 부족으로 비만 체형이다.

Y야마 영업 사무를 담당하는 20대 여성 직원으로 할 말은 하는 당찬 성격이다. 빠르고 정확한 업무 처리 능력으로 상사들 사이에서 평가가 좋다. 매사 꼼꼼하지 못한 N하라를 싫어한다.

A다 N하라와 Y야마의 상사인 영업과장이다. 영업직으로는 매우 뛰어나지만 직원 관리는 그렇지 못하다. 붙임성이 좋고 온화한 성격으로 분쟁을 싫어한다.

옷차림과 냄새가 불쾌하니
담당자를 바꿔주세요

∞

어느 오후, Y야마가 거래처에서 막 돌아온 A다를 찾아왔다.

"과장님, ○○사에서 담당자를 바꿔 달라는 연락이 있었습니다."

'클레임인가?' A다는 걱정하며 Y야마에게 이유를 물었다. Y야마의 보고에 따르면 영업부 N하라가 담당하는 ○○사의 담당자가 N하라의 옷차림과 냄새가 불쾌하니 담당자를 바꿔 달라고 했다는 것이었다. Y야마는 "왜 아니겠어…"라며 평소 자신의 생각을 내비쳤다.

"N하라 씨는 담배 냄새가 옷에 배어 있어서 멀리서도 냄새가 날 정도고 입 냄새도 심해요. 그리고 장담컨대 매일 샤워도 안 하는 게 분명해요. 머리도 기름져 있고 몸에서는 땀 냄샌지 뭔

185

지… 하여튼 지독해요! 저희도 솔직히 더 못 참겠어요. 과장님께
서 뭐라고 말 좀 해주세요!"

A다는 Y야마가 이렇게 말하는 것도 무리는 아니라고 생각했
다. N하라는 옷차림도 지저분하고 냄새는 조금 떨어진 자신의
자리에서도 맡을 수 있을 정도였는데 하물며 가까이에 있는 Y야
마는 견디기 어려울 것이 분명했다.

지금까지 여러 번 N하라에게 주의를 주었지만 알겠다는 말
만 할 뿐 변하지 않았다. A다는 N하라에게 다시 주의를 주겠다
고 Y야마를 다독인 다음 사무실로 돌아온 N하라를 회의실로 불
렀다.

"N하라, 어떻게 말하면 좋을지 모르겠지만 ○○사에서 담당
자를 바꿔 달라는 전화가 왔어. 이유는 자네의 옷차림이며 냄
새가 불쾌해서라고 하더군."

A다는 단도직입적으로 말했다.

"이미 여러 번 말했지만 영업하는 사람은 단정한 옷차림이 중
요해. 담배도 끊으라고는 못 하겠어. 하지만 냄새가 배지 않도록
신경 좀 쓰라고. 고객이랑 주변 사람한테 피해를 주잖아."

"죄송합니다."

N하라는 작은 목소리로 사과했다.

"매일 샤워는 해? 셔츠도 속옷도 매일 갈아입어야 한다고. 특

히 요즘 같은 계절에는 습기 때문에 냄새가 더 잘 퍼지니까."

N하라는 퇴근하고 집에 가면 피곤해서 샤워나 세탁을 하지 못하고 잠드는 날이 많다고 핑계를 댔다. A다는 어찌 되었든 매일 청결에 신경 쓸 것을 다시 당부했다.

체취와 향수,
누가 더 민폐?

∞

　며칠 뒤 아침 회의를 마치고 사무실로 복귀하던 A다는 소란스러운 사무실 분위기에 깜짝 놀랐다. Y야마와 N하라가 언성을 높이며 말다툼을 하고 있었다.

　"N하라 씨 도저히 못 참겠어요! 본인은 불쾌하지 않을 수 있겠지만 주변에 있는 저희는 냄새 때문에 미칠 것 같아요!"

　N하라는 지지 않고 반박했다.

　"Y야마 씨가 예민한 것 같은데요. 그리고 Y야마 씨 향수 냄새도 지독할 때 있어요."

　N하라의 말에 Y야마는 순간 표정을 굳혔지만 이내 빠르게 되받아쳤다.

　"N하라 씨의 냄새는 저뿐만 아니라 모두를 불쾌하게 한다고요! 거래처에서도 불평하잖아요! N하라 씨가 출근하면 멀리서 부터 냄새가 날 정도로 심하다고요!"

A다가 서둘러 말리려 하자 Y야마는 흥분한 채로 소리쳤다.

"과장님! N하라 씨의 냄새는 직장 내 괴롭힘이에요!"

"직장 내 괴롭힘이라니 뭘 그렇게까지 말을 해."

"냄새로 사람을 괴롭히는 '직장 내 냄새 괴롭힘'이에요!"

A다는 '직장 내 냄새 괴롭힘'이란 말도 있었나?' 하고 잠시 생각했지만 일단 두 사람을 말리는 일이 우선이었다.

"자자, 일단 진정하고 얘기를 나눠보자고."

Y야마는 좀체 흥분을 가라앉히지 못했다. 그 와중에 영업사무 팀의 여성 직원들이 어쩔 줄 몰라 하고 있는 A다에게 다가와 말했다.

"N하라 씨를 어떻게 해주지 않으시면 저희 모두 그만둘 생각입니다."

다른 영업사무 팀 직원들은 모두 동의하듯 고개를 끄덕이며 A다를 쳐다봤다.

"갑자기 왜들 이래. 이렇게까지 극단적일 필요는 없잖아."

A다는 직원들을 설득하려 했지만 모두 더는 참을 수 없다며 강경한 태도를 보였다. A다는 머리가 아파졌다. A다는 동기인 인사과장에게 N하라의 '직장 내 냄새 괴롭힘'에 대해 상담했다.

인사과장은 악취 때문에 주변 사람의 업무 효율이 떨어지거나 고객에게 클레임이 들어올 정도면 회사 차원에서 대책이 필요하다며 대응 방안을 검토해보겠다고 했다.

며칠이 지난 다음 N하라는 인사과로 불려가 매일 샤워하기, 매일 옷 갈아입기, 담배를 피운 다음 구취 케어 하기 등을 하도록 주의를 받았다. A다를 통해 N하라에게 내려진 조치 사항을 전해들은 Y야마는 초등학생도 하는 당연한 일을 주의라고 준 인사부에 어이가 없었다. 그래도 N하라가 제대로 지켜만 준다면 퇴사는 없던 일로 하겠다고 했다. 그 후 N하라도 조금씩 신경을 써서 예전처럼 냄새는 나지 않게 되었다.

민감하고 어려운
회사의 냄새 대책

냄새는 매우 민감한 문제이기 때문에 불쾌하더라도 쉽게 본인에게 전달하기 어렵다. 또 불쾌한 냄새뿐만 아니라 향수나 섬유유연제 같은 냄새도 때론 진하게 풍겨 두통을 유발하기도 한다. 누군가에게는 좋은 향기가 사람에 따라서는 불쾌하게 느껴질 수도 있다. 불쾌한 냄새로 가득 찬 공간에서는 업무에 집중하기 어렵고 또 효율도 떨어진다. 그렇기 때문에 회사 차원에서 대책 마련이 필요하다.

냄새와 관련한 상담을 받으면 "회사가 무엇을 할 수 있겠냐", "너무 예민한 것 아니냐" 같은 말로 방치하지 말고 해결책이 필요한 문제로 인식해야 한다. 한편, 상담자가 개인적인 감정으로 과민 반응하거나 냄새 이외에 감정적인 대립 등이 숨겨진 경우가 종종 있기 때문에 객관적인 관점에서 이야기를 듣는 것이 중요하다. 상담을 하고 대응이 필요하다고 판단한 경우에는 냄새를 풍기는 가해자에게 직접 개선을 촉구해야 한다. 다만 전달할 때는 충분한 배려가 필요하다.

체취나 구취 같은 신체적인 사항을 지적당하면 누구나 부끄럽기 마련이다. 상대방의 기분을 배려하면서도 냉정하고 객관적으로 전달해야 한다. 그런 다음 구체적인 대책을 제안한다. 전달 방법이 잘못되면 상대방을 상처 입히기도 하고 수치심을 느끼게 해 때에 따라서는 괴롭힘을 당했다는 오해가 생긴다. 민감한 문제인 만큼 최대한의 배려가 필요하다.

04

역습하는
몬스터 시니어 직원

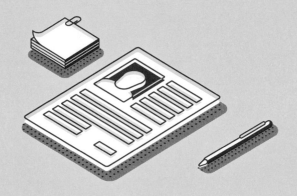

상사를 어린애로 보는 부하

젊은 직원을 조종하여
상사를 무시하는 시니어 직원

D건재는?

창립한 지 50년 된 건설자재를 전문으로 취급하는 회사다. 종업원 수는 150명 정도로 건실한 경영을 하고 있지만, 시대의 흐름에 맞추어 새로운 거래처를 개척하고자 한다.

등장인물

Y나카 40대 남성으로 영업부장의 직책을 맡고 있다. 회사가 신규 거래처의 개척을 요구하는 상황에서 팀 전체가 힘을 합쳐 대응할 수 있게 부하 직원을 독려하고 있다. 과거 자신의 상사였던 M우에를 대하는 데 어려움을 겪고 있다.

M우에 D건재의 전 영업부장으로 정년퇴임 후 계약직으로 전환되어 근무하고 있다. 현재 직책은 없지만 과거 Y나카의 상사였다는 이유로 여전히 Y나카를 자신의 부하로 여긴다.

S시타 30대 영업사원으로 Y나카의 부하다. 잦은 지각과 서류를 제때 제출하지 못하는 등 업무처리가 꼼꼼하지 못하여 Y나카에게 자주 지적을 받는다. M우에와는 흡연실에서 종종 대화는 나누는 사이다.

K토 영업사무직의 20대 여성. 성실하고 꼼꼼한 성격으로 Y나카의 든든한 지원군이다. 정의감이 강한 편이고 평소 일 처리가 꼼꼼하지 못한 S시타와 강제적인 방법을 동원하여 영업하는 M우에를 좋아하지 않는다.

전 상사가 정년퇴직 후,
부하로 돌아오다

∞

"…이런 상황이니 신규 거래처 개척을 위해 먼저 제가 작성한 리스트를 보고 각 담당자가 약속을 잡아주세요."

영업부장인 Y나카는 영업 회의에서 신규 거래처 개척의 필요성과 회사의 방침, 영업방법을 설명하고 모두에게 리스트를 나눠줬다. 그러나 리스트를 확인한 M우에가 딴죽을 걸었다.

"Y나카! 이걸 왜 나한테 줘? 그리고 S시타는 경험이 부족한데 이 회사는 어렵지 않겠어? 생각하고 나눈 거 맞아?"

'M우에가 또…'

Y나카는 넌더리가 났다. 아무리 과거에 상사였다고는 하지만 지금의 M우에는 계약직이면서 아무런 거리낌도 없이 상사인 자신의 지시를 따르지 않고 사사건건 트집을 잡았다. 물론 받아들

일 만한 의견이라면 환영이지만 대부분 괜한 트집 잡기에 지나지 않았다.

"제 나름대로 생각해서 정했고 전무님께 확인도 받았습니다. 리스트에 따라 진행해 주세요. S시타 씨가 맡은 업체들은 제가 돕겠습니다."

M우에는 이해할 수 없다는 표정으로 리스트를 힐끗 쳐다보고는 Y나카를 향해 한마디 툭 내뱉고는 자리에서 일어났다.

"지금 자네는 임원들의 꼭두각시일 뿐이야. 내가 부장이었을 땐 현장의 목소리를 들어가면서 일했는데 말이지."

'정말 못 해 먹겠네!' Y나카는 기분이 상했지만 참을 수밖에 없었다. 입사 당시 선배이자 상사였던 M우에는 옛날 그대로의 영업 방식을 이어오며 거래처의 신뢰가 두터웠다. 그러나 거래처 담당자의 경우도 이미 세대교체가 이루어졌다. 따라서 M우에가 해오던 접대 영업방식이 더는 젊은 담당자에게 통하지 않게 되었다. 마침 그즈음 정년을 앞두고 있던 M우에는 부장직을 내려놓고 계약직으로 전환하여 일반 영업사원이 되었다.

M우에의 퇴임으로 공석이 된 영업부장 자리는 평소 성실한 업무 태도로 거래처에서 좋은 평가를 받은 Y나카가 채우게 되었다. 그렇게 Y나카는 부장이 되었지만 M우에는 그를 상사로 대하기보다 여전히 무시하고 지시에 잘 따르지 않았다.

그뿐만 아니라 뒤에서는 Y나카의 업무처리 방식을 비판하는 탓에 최근에는 S시타와 같이 젊은 직원들까지 M우에의 위세를 빌려 Y나카의 지시를 따르지 않는 지경에 이르렀다. Y나카는 S시타가 나쁜 영향을 받게 될까 봐 걱정되었다. 회의가 끝나고 M우에는 S시타를 흡연실로 불렀다. 두 사람은 함께 담배를 피우면서 Y나카를 비판했다.

"선배님, 부장님이 주신 리스트 어떻게 생각하세요? 저희 의견은 듣지도 않고 막무가내시네요."

"그 녀석을 부장으로 승진시킨 건 임원들의 실수야. 신규 거래! 신규 거래! 말이 쉽지. 그렇게 계약을 쉽게 따올 수 있으면 진작 했지. 그것보다 기존 거래처와 관계 유지를 위해 접대비를 쓰는 게 훨씬 매출에 도움이 될 텐데."

"부장님이 도와주신다고 했지만 솔직히 좀 불편해요. 부장님 워낙 자잘한 일에 집착하고 큰 그림을 못 보니까요."

"어쨌든 리스트와 상관없이 우리는 우리 방식으로 기존 업체를 잘 구슬려서 매출만 만들면 되는 거 아냐? Y나카가 한 말은 무시하자고."

M우에는 S시타에게 Y나카의 지시에 따르지 말고 자기 일을 도우라고 명령했다. 다음 날 Y나카는 신규 예상 업체와 약속을 잡았으니 함께 방문하자며 S시타를 찾아왔다. 그러나 S시타는

귀찮은 티를 내며 못 간다고 대답했다.

"왜? 다른 일정 있어? 어렵게 잡았으니 웬만하면 같이 가지?"

"아, 저는 오늘 M우에 씨와 ○○사에 갈 예정이어서요."

Y나카는 조금 짜증이 났다.

"그런 일정이 있다고 미리 말하지 않았잖아. ○○사는 M우에 씨가 혼자 담당하기로 한 곳이고 안정된 거래를 하고 있으니까 S시타 씨까지 갈 필요 없을 것 같은데."

두 사람의 대화를 중간부터 듣던 M우에가 끼어들었다.

"내가 그러라고 그랬어. S시타한테는 내가 영업이 뭔지 알려 줄 테니까. 혼자 가서 신규 계약을 따오면 되겠네."

Y나카는 이번에도 자신의 지시를 무시하고 제멋대로 행동하는 M우에에게 매우 화가 났다.

"M우에 씨! 신규 거래처 개척의 필요성은 임원진이 결정한 일이고, 이에 대해서는 회의 때도 전달하지 않았습니까? 지시에 따르지 않으면 곤란합니다."

과거 자신의 부하였던 Y나카가 강경하게 대응하자, 울컥한 M우에가 목소리를 높였다.

"자네는 영업이 뭔지 아무것도 몰라. 그저 위에서 시키는 대로만 할 뿐이지. 우리는 우리 방식대로 할 테니까 그런 줄 알아!"

M우에는 이렇게 말하고 S시타를 데리고 나가버렸다.

부하의 괴롭힘 때문에
궁지에 몰린 나이 어린 상사

∞

다음 날부터 M우에와 S시타는 Y나카의 말을 전혀 듣지 않았다. 자신을 없는 사람 취급하는 두 사람의 태도에 어이가 없었지만, 자신을 무시하는 부하의 행동은 정신적으로 꽤 견디기 힘든 일이었다. Y나카의 그런 모습을 보고 걱정이 된 영업 사무직원인 K토가 말을 걸었다.

"부장님, 괜찮으세요? 어린애도 아니고 상사를 무시하다니 정말 상식 밖이에요."

"아, 괜찮아. 내가 인망이 부족해서 그런 건데. 어쩔 수 없지."

K토는 Y나카를 위로했다.

"그렇지 않아요! M우에 씨야말로 옛날에나 먹히던 영업방식만 고집하고 새로운 것은 전부 잘못 됐다고 하잖아요. S시타 씨는 자기 일도 제대로 못하면서 부장님한테 반항하다니 있을 수 없는 일이에요!"

그나마 자신의 편을 들어주는 K토가 있다는 사실이 Y나카에게는 큰 위안이 되었다. 그러나 며칠이 지나도 두 사람의 태도는 좋아지기는커녕 M우에는 S시타를 구슬려서 Y나카를 철저하게 무시하게 했고, Y나카는 점점 정신적으로 지쳐가면서 식욕이 없어지고 잠들지 못하는 날이 이어졌다. 편두통과 복통이 반복되어 업무 중에도 종종 진통제와 지사제를 먹었다. 그런 Y나카의 모습을 곁에서 지켜보던 K토는 회사의 총무과에 있는 상담센터에 전화를 걸었다.

며칠 후 총무과 담당 직원과 외부 상담사가 Y나카의 동의를 얻어 인터뷰를 했다. Y나카는 처음에는 K토의 마음 씀씀이가 고마웠지만 스스로 관리자로서의 능력을 추궁당할 것에 대비하고 있었다. 그러나 담당 직원과 상담사가 친절하게 이야기를 들어주었기 때문에 점차 마음을 열고 속마음을 털어놓고 식욕감퇴와 불면증 등에 대해서도 말했다.

그 결과 상담사의 판단으로 Y나카는 며칠간의 휴가를 받아서 자택에서 요양하게 되었다. 그리고 사태를 심각하게 여긴 총무과 직원은 M우에와 S시타, 다른 영업부의 직원들까지 인터뷰하게 되었다.

Y나카의 지시에 따르지 않고 제멋대로 영업활동을 하고 Y나카를 무시하도록 주변 사람을 사주한 M우에의 행동이 직장 내 괴롭힘에 해당할 가능성이 높다고 판단하여 엄중한 주의를 내렸다. 그 후 M우에와 S시타는 각각 다른 부서로 배치 전환되었고 요양을 하면서 건강을 회복한 Y나카는 2주 뒤에 복귀할 수 있었다.

흔히 일어나고 있는
연상 부하의 '직장 내 역 괴롭힘'

직장 내 괴롭힘이란 '같은 직장에서 일하는 자에게 직무상의 지위나 인간관계 등 직장에서의 우위성을 무기로 업무의 적정한 범위를 넘어 정신적, 신체적 고통을 주거나 직장 환경을 악화시키는 행위'로 정의하고 있다.

이러한 정의는 상사가 부하에게 가하는 행위에 한하지 않고 직무상의 지위나 인간관계 등 '직장 내에서의 우위성'을 배경으로 하는 행위의 경우 해당한다고 명문화되어 있다. 일반적으로는 상사가 부하에게 가하는 괴롭힘이라고 알려져 있지만, 반드시 직무나 직위상의 관계만이 아니라 동료끼리, 부하가 상사에게 등 인간관계의 우위성을 배경으로 이루어지는 괴롭힘도 있다.

예를 들어, 새로 부임한 상사가 회사 분위기에 적응하는 과정에서 부하 직원이 새로 들어 온 상사는 업무에 도움이 되지 않으니 모두 무시하자고 선동하는 등 상사를 따돌리는 경우가 있다.

연공서열의 붕괴, 정년연장이나 재고용제도 등으로 인해 과거 자신의 상사가 부하가 되거나 연상의 부하가 생기는 일도 있다. 연장자나 선배를 존경하는 것도 필요하지만, 업무의 지시 명령에 따르지 않는 연장자 부하를 방치하면 조직이 붕괴될 수도 있다. 경우에 따라서는 강경하게 대응하여 지시에 따르도록 요구할 필요가 있다.

또 세대 차이나 연장자 부하의 인정욕구 등으로 부하 직원이 나이 어린 상사를 비판하기도 한다. 그럴 때는 처음부터 부정하지 말고 연장자로서의 의견은 존중하는 자세도 필요하다. 다양한 의견을 듣고, 그다음에 적절한 판단을 내리는 것이 중요하다.

몬스터 대기업 출신

이직한 직장에서 서열정리를 하고,
동료를 깔보는 대기업 출신 몬스터 직원

W사는?

기업이 사용하는 시스템을 개발하는 IT 관련 회사다. 종업원 수는 40명 정도지만 뛰어난 기술력을 보유하여 거래처 대부분이 대기업이고 경영이 안정되어 있다.

등장인물

T나카   30대 남성으로 W사의 기획영업부 매니저다. 전문학교를 졸업하고 W사에 입사하여 독학으로 기술을 익혔다. 성실한 노력파로 거래처의 신뢰가 두텁다.

I다   W사의 거래처 중 하나인 대기업에서 W사로 이직한 50대 남성으로 T나카의 밑에서 기획경영을 담당하고 있다. 대기업 출신이라는 자부심이 매우 높지만 말만 번지르르하고 실천에 옮기지 않는다.

S토   40대 남성으로 W사의 거래처 중 하나인 대기업의 담당자로 I다의 옛 동료다. T나카의 업무 능력을 좋게 평가하고 있으며 여러모로 편의를 봐주고 있다.

W이   50대 남성으로 W사의 사장이다. 30대에 다니던 대기업을 퇴사하고 W사를 설립했다. 두뇌가 명석하고 행동력이 있다.

대기업 · 명문대학 출신을
시도 때도 없이 내세우는 50대 직원

∞

프로젝트를 무사히 끝내고 T나카는 거래처 담당자인 S토가 마련한 프로젝트 뒤풀이 자리에 초대되었다. S토는 T나카의 업무 능력을 인정해주고, 편하게 일할 수 있도록 늘 배려해준다. 또 대기업에 다니지만 잘난 척하지 않고 자신보다 5살 정도 어린 T나카를 동생처럼 잘 대해준다. 이자카야에서 만난 두 사람은 맥주잔을 기울여 건배했다.

"이번 프로젝트도 매니저님 덕분에 무사히 잘 마쳤습니다."

"그렇게 말씀해 주시니 감사합니다. 저야말로 항상 큰 도움을 받고 있습니다."

S토는 T나카의 노고를 치하했다. 취기가 오른 S토가 불쑥 말을 꺼냈다.

"그런데 W사에 I다 씨가 다닌다고 했던가요? 예전에 저와 같은 부서에 있었어요."

"그렇습니까?"

T나카의 표정이 급격하게 어두워졌다. I다는 S토와 같은 대기업 출신으로 현재는 T나카 밑에서 일하고 있다. 자신과 스무 살 정도 나이 차이가 나는 탓도 있지만, 대기업 출신이란 이유로 T나카는 I다를 대하는 데 어려움을 겪고 있었다. 특히나 I다의 직장 내 서열정리는 T나카를 더욱 곤란하게 했다. T나카가 전문대를 나왔다는 사실을 안 다음부터 자신이 나온 명문대학교와 이직 전에 다녔던 대기업 자랑을 시도 때도 없이 늘어놨다.

"그 사람 좀 짜증 나는 면이 있죠?"

T나카의 반응을 살피며 S토가 능글맞게 웃었다. T나카가 우물쭈물하여 쉽사리 대답을 못하자 S토가 크게 웃음을 터트리며 T나카의 등을 가볍게 두드렸다.

"괜찮아요. 억지로 대답할 필요 없어요. 그 사람 우리 회사에 있을 때도 말만 많고 일을 안 해서 처치 곤란이었거든요. 그런데 어쩌다 W사에 들어가게 된 거예요?"

T나카는 사장인 W이에게 T다를 영입한 이유를 들은 적이 있다. W이가 거래처인 대기업과 더욱 돈독한 관계를 맺고자 고민하던 와중에 헤드헌터에게 I다를 소개받았다. 마침 그 회사 출신

인 I다의 경력은 더할 나위 없었기 때문에 W사로서는 파격적인 조건으로 영입했다.

그러나 실제로 같이 일을 해보니 I다는 일은 못하면서 자존심만 센 탓에 W이를 고민하게 만들었다. 애초에 부장 직급에 앉힐 생각으로 데려왔지만, 실력이 기대에 미치지 못하여 직급 없이 T나카의 밑으로 들어가게 된 것이었다.

I다는 자신보다 학력도 연령도 낮은 T나카의 밑으로 들어간 것이 못마땅했는지 T나카의 지시를 따르지 않거나 사사건건 투덜거리기만 했다. 그러면서 제대로 일은 하지 않아서 지금은 W이에게 그저 짐과 다름없는 존재였다.

"아마 사장님은 I다 씨가 귀사 출신이기 때문에 귀사와 더 많은 기회를 얻을 수 있다고 생각한 것이 아닐까요."

T나카는 대수롭지 않게 대답했지만, S토는 T나카의 속마음을 꿰뚫어 보듯이 말했다.

"그럴 리가요. 그 사람, 회사에서 평가도 최악이었고 시스템 관련 지식도 전혀 없는 걸요. 그러면서 하청업체나 파견 직원한테는 어찌나 잘난 척을 해댔는지 말도 못 해요."

"아, 그런 면도 있었을 것 같네요."

T나카는 적당히 맞장구를 치면서 속으로 역시 사람은 쉽게 변하지 않는다고 생각했다.

일은 뒷전이고
사내 서열정리에 열을 올리다

∞

어느 날 T나카와 I다를 포함한 프로젝트 멤버가 회의실에 모여 회의를 하던 중 I다는 어김없이 T나카의 의견에 반론을 제기했다. 그러나 I다의 의견은 맥락을 크게 벗어나 있었고 T나카가 그 점을 지적해도 I다는 여전히 엉뚱한 말을 늘어놨다.

상황을 지켜보던 다른 멤버들도 점점 짜증이 났는지 한 멤버가 "I다 씨 기술적인 내용을 잘 모르면 가만 있어주시겠어요?" 라고 말했다. 그러자 I다는 얼굴이 새빨개지면서 애써 담담한 체하며 이렇게 말했다.

"여러분 이렇게 작은 중소기업에 다니니까 시야가 좁은 거예요. 나는 대기업에서 여러 프로젝트를 동시에 진행해본 경험이 있어서 넓은 시야로 두루 살피고 있단 말이죠. 제가 이렇게 말해도 여러분은 잘 모르겠죠?"

I다의 말을 듣고 T나카를 포함한 멤버 모두는 기분이 상했지만, 언쟁을 벌여봤자 좋을 게 없다고 생각하고 참았다. T나카는 다음 회의까지 각자 의견을 모아줄 것을 부탁하고 서둘러 회의를 끝냈다. 회의로 지친 T나카가 흡연실에서 잠시 쉬고 돌아오자 멤버 한 명과 I다가 말다툼을 하고 있었다.

"대기업 출신이 그렇게 대단한 일인가요? 저희와 매니저님을 무시하지 마세요!"

"이것 봐요. 바로 감정적으로 되는 것도 다 지성이 부족해서 그런 거예요. 말과 행동에서 이렇게 다 티가 난다니까요."

I다와 언쟁을 벌이던 직원은 분노를 참지 못하고 책상을 주먹으로 내려치고는 문을 세게 닫고 나가버렸다. T나카가 주변에 있던 멤버에게 사정을 물어보자, I다가 다른 멤버들과 T나카를 무시하는 발언을 해서 말다툼을 하게 되었다고 했다. T나카는 I다에게도 상황을 확인했다.

"저 친구는 고졸이었던가요? 대화가 영 안 통하네요. 조금만 뭐라고 해도 바로 저렇게 욱해서는… 역시 중소기업에서는 좀처럼 뛰어난 인재를 만나기가 어렵네요."

I다가 히죽이며 말했다. I다의 이런 발언에 평소 온화한 성격의 T나카도 망치로 머리를 세게 얻어맞은 기분이 들었다.

"I다 씨 그런 식으로 사람의 학력이나 회사의 규모를 무시하는 발언은 가려서 해주세요. 상대방은 같은 회사에 다니는 동료이니 어느 정도 존중해야 하지 않겠습니까?"

"존중할 만한 상대가 있으면요."

I다는 반성하는 기색 없이 여전히 빈정거리며 웃었다. T나카는 화를 꾹 눌러 담으며 I다에게 말했다.

"그래요. I다 씨는 좋은 대학교를 나와서 대기업에 다니다가 이 회사에 오셨죠. 우리 회사는 중소기업이라 I다 씨의 눈에는 부족해 보일 수 있습니다. 그런데 적어도 입사해서 2년 동안 회사에 전혀 기여한 바가 없는 I다 씨보다 훨씬 회사의 이익에 도움을 주는 사람들입니다."

I다는 정색을 하며 자신은 관리직으로서의 능력을 인정받아 스카우트 된 사람이기 때문에 실무가 아닌 뒤에서 전체를 살피는 역할이라며 떠들어댔다.

"됐고, 그만두세요."

소식을 듣고 상황을 살피러 온 W이 사장이 뒤에서 외쳤다. 사장의 한 마디에 I다와 T나카가 입을 다물자 주변도 조용해졌다.

"자네를 관리직으로 데려와 놓고 실무를 시켜서 미안하네. 내 실수였어."

W이 사장의 말에 I다는 가슴 속 응어리가 풀린 듯 이성을 되

찾아 차분해진 목소리로 말했다.

"그렇습니다. 저는 관리직에 있을 때 능력을 최대한 발휘할 수 있습니다."

"아니 나는 관리직으로 자네를 선택했지만, 그 생각 자체가 실수였어. 사람을 무시하고 바보 취급하는 사람은 관리자가 절대 될 수 없어. 자네를 제대로 보지 못한 내 잘못이야."

W이 사장의 말에 I다는 표정을 굳혔다.

"우리 회사가 중소기업이라서 대기업에서 온 자네의 입장에서는 부족해 보일 수 있지. 그렇지만 우리 직원은 모두 회사에 필요한 뛰어난 능력이 있는 인재이기 때문에 내 자랑이기도 해. 그런 사람들을 무시하는 사람은 우리 회사에 필요 없어. 오늘까지만 나오고 그만두도록 해."

W의 단호한 말에 I다는 부끄러움과 분노로 인해 할 말을 잃고 아무런 대꾸도 하지 못하고 그대로 나가버렸다. 그 일이 있고 며칠 뒤 I다는 W사에 해고에 대한 보상을 요구하는 문서를 보내왔고 W사는 3개월치 월급을 지급하는 데 합의했다.

대기업 출신
시니어 직원을 대하는 방법

중소기업 등은 대기업이나 금융기관에서 관리직으로 일했던 중·고령의 직원을 영입하는 일이 자주 있다. 실제로 대기업이나 금융기관에서 얻은 지식과 기술 그리고 인맥을 가지고 중소기업에서 활약하는 시니어 직원도 많다.

그러나 대기업이라는 간판만 보고 업무 태도나 능력을 자세히 살피지 않은 채 영입하여 기대한 만큼의 결과를 얻지 못하고 처치 곤란한 상태가 되는 경우도 종종 있다. 또 대기업과 중소기업의 문화 차이를 받아들이지 못하고 사사건건 트집을 잡는 시니어 직원도 있다. 이러한 직원이 사내 분위기를 해치고 문제를 일으킬 가능성도 높다.

아무리 대기업 출신이라도 업무에서 결과를 내야 한다. 그렇기 때문에 상사는 의연한 태도로 그들의 행동에 대응할 필요가 있다. 한편 시니어 직원에게는 오랜 업무 경험에서 비롯된 귀중한 조언을 얻을 수 있다. 유용한 조언은 편견 없이 있는 그대로 받아들이려고 하는 자세가 필요하다.

여하튼 어떤 조직 내에서 서열을 만들어 누군가의 위에 군림하고 싶어 하는 사람은 콤플렉스가 많은 사람이다. 상사로서 상대방이 왜 그런 태도를 취하는지 지켜보고 남을 불쾌하게 하는 말과 행동을 고치도록 조언할 수 있어야 한다.

높은 급여에 못 미치는 부하

혀를 차고 서류를 던지고…
성과는 내지 않고 성질만 부리는 50대 부하

A부동산은?

사장인 A야마가 20년 전에 창업한 부동산 매매 회사로 종업원 수는 20명 정도다. 투자용 물건을 주로 취급하기 때문에 주 고객은 부유층과 외국인이다.

등장인물

Y다 사장인 A야마가 A부동산을 창업하기 전에 다닌 회사의 동료였다. 50대 후반으로 부장 직책을 맡고 있다. 전 직장에서는 영업성적이 나쁘지 않은 편이었는데 A부동산으로 이직한 후의 성적이 좋지 않다.

A야마 50대 후반의 남성으로 A부동산의 사장이다. 창업할 당시 동료였던 Y다를 설득하여 영입했다. 호감형으로 다소 우유부단한 면이 있다.

H모토 Y다의 부하인 20대 영업사원. 업무 성과는 내지 못하면서 잘난 척만 하는 Y다를 내심 싫어한다. 야망이 강하고 돈을 벌기 위한 수단으로 부동산 영업을 선택했다.

F오카 사무를 담당하는 20대 여성 직원. 이직한 지 몇 주밖에 안 되었지만 전임자에게 업무 인수인계를 거의 받지 못하여 무척 고생하고 있다.

높은 급여를 받으면서
성과를 내지 못하는 부장

∞

A야마는 과거 몇 개월분의 매출분석표를 보고 고민에 빠졌다. A부동산은 맨션과 아파트 등 부동산 물건을 매입하여 부동산 투자를 하는 부유층에게 판매하는 회사다. 물건을 매입하지 않으면 매출도 발생하지 않는다.

사장인 A야마는 전 직장에서도 톱클래스였던 영업력을 바탕으로 지금도 직접 물건을 매입하여 판매하고 있다. 그러나 종업원 수가 20명 정도 되다 보니 사장인 자신이 최전방에서 영업하기보단 관리직으로서 집중하고 싶다는 생각이 강해졌다. 하지만 자신을 대신할 만한 영업직원이 아직 없다는 것이 큰 고민이었다.

원래대로라면 옛 직장 동료였던 Y다가 부장으로서 영업부를 이끌어가면서 결과를 내야 했지만, Y다의 영업성과는 매우 부진했다. A야마가 사업을 시작할 때 Y다를 반강제적으로 데려왔기 때문에 Y다에게는 매우 높은 급여를 지급하고 있는데 그에 맞는 결과가 전혀 나오고 있지 않았다. 깨닫고 보니 그의 연봉보다 그가 내는 매출이 적은 마이너스 상태가 계속되고 있었다.

지금까지 몇 번인가 Y다와 대화를 나눠 보았지만, "쓸 만한 부하가 없다", "전화 영업은 내가 할 일이 아니다", "불만이 있으면 부장직에서 물러나겠다"와 같은 발언을 뻔뻔하게 하며 노력할 마음이 전혀 없어 보였다. Y다는 A야마의 최대 고민거리였지만 옛 동료라는 관계성과 그간의 정 때문에 아무런 조치를 취하지 못한 채로 지금의 상태에 이르렀다.

'지금은 내가 80% 가까운 매출을 올리고 있으니까 회사가 유지되고 있지만, 앞으로의 일을 생각하면 역시 영업력을 키워야 하는데….'

A야마는 고민 끝에 지인에게 소개받은 영업 트레이닝 강사를 회사로 불러 영업직 직원을 대상으로 월 2회 영업 강의를 진행하기로 했다.

배우려고 하지 않는
건방진 태도

영업 강의가 열리는 당일, 영업직 직원들이 하나둘 회의실로 모여들었다. 그 사이에서 Y다는 강의가 시작되기 전부터 중얼중얼 불만을 토로했다.

"이런 거 할 시간에 거래처나 한 번씩 돌아다니는 편이 훨씬 낫지."

"인제 와서 뭘 배우겠다는 거야. 사장도 쓸데없는 데 돈 쓰네."

"나는 잠이나 자면서 적당히 시간을 때워야겠다."

주변 사람에게 불평했지만 막상 강의가 시작되자 팔짱을 끼고 마치 평가하듯이 강사를 뚫어지게 노려보았다.

강사는 농담을 섞어가며 능숙하게 강의를 진행했고, 바로 실천해볼 수 있는 방법도 알려주었다. 젊은 직원은 동기 부여가 된

듯 즐겁게 강의를 들었다. 그런 모습을 불만스럽게 쳐다보던 Y다
는 강사가 질문해도 "딱히 할 말 없어요.", "저는 배울 게 없어요"
라며 시종일관 반항적인 태도를 보였다. 역할을 나누어 진행한
상황극에도 끝내 참여하지 않았다. 강의가 끝난 후 A야마에게
강의에 대한 질문을 받은 20대 영업사원인 H모토는 흥분하며
말했다.

"강의 너무 좋았습니다! 강사님이 설명을 너무 잘 해주셔서
이해하기도 쉬웠습니다. 빨리 실천해보고 싶습니다."

A야마는 만족스러운 미소를 지었다.

"그것 참 다행이군. 앞으로 정기적으로 와주실 거니까 많이 배
우라고."

"네! 아, 그런데 Y다 부장님의 태도가 조금….".

H모토는 조심스럽게 Y다의 강의 태도를 A야마에게 알렸다.

"외부에서 오신 강사한테 그렇게 행동하는 건 좀 아닌 것 같습
니다. 사장님이 말 좀 해주시면 안 될까요? 보고 있는 저희가 다
창피해서 혼났어요."

A야마는 씁쓸하면서도 화가 났다. 본디 Y다가 적극적으로 직
원을 독려해서 유익한 강의가 되도록 강사에게 협조해야 하는
역할인데 도대체 그 속을 알 수가 없었다.

제멋대로인 부장 때문에
힘들어 하는 신입 직원

∞

어느 날 A야마는 미팅과 면담을 겸하여 사무 담당 직원인 F오카와 함께 점심식사를 했다. F오카는 몇 주 전 A부동산에 입사한 신입 직원으로 매일 정신없이 바빠 보이기에 식사를 하면서 업무 상황을 물어볼 생각이었다. A야마는 회사 일에 어려운 점은 없는지 질문했다.

"일 자체는 점점 익숙해지고 있습니다. 처음에는 모르는 게 많았지만 제 나름대로 조사하면서 어찌어찌 잘해나가고 있습니다."

F오카가 밝게 웃으며 대답하자 A야마는 안심했다. 그러나 F오카는 이내 "일은 익숙해졌지만, Y다 부장님이…"라면서 고민거리를 털어놨다.

227

Y다는 출근하면 매일 신문을 1시간 이상씩 읽으면서 그동안 F오카에게 커피 심부름을 시키고 있었는데 매일 심부름을 시키는 것도 모자라 늘 커피에 대해 불평을 한다는 것이었다.

"이쯤 하면 상사의 커피 취향 정도는 기억할 때도 되지 않았냐고 소리치고 멋대로 커피 브랜드를 바꾸지 말라며 성질을 부리고 불평하세요. 기분이 안 좋으실 땐 문을 쾅 하고 세게 닫거나 서류를 집어 던지기도 하시고요."

A야마는 Y다의 평소 말과 행동을 떠올리고는 Y다라면 그럴 수도 있다고 생각했다. A야마 앞에선 그 정도까지는 아니었지만, 기분이 안 좋을 땐 확실히 감정을 드러내는 편이었다.

"영업 직원들도 모두 Y다 부장님을 싫어해요. 결과도 못 내는 사람을 왜 상사로 모셔야 하냐면서요. 부장님이 일도 안 하시면서 월급을 많이 받는 것도 불만인 듯해요."

A야마는 F오카의 솔직함에 놀랐지만 F오카의 말에도 일리가 있었다. 지금 이대로라면 직원들의 불만도 점점 커질 것이 분명했다. 어떤 조치를 취해야 한다는 생각이 강해졌다.

강등 처분에
태도를 바꾸다

A야마는 Y다의 처우에 대해 깊이 고민한 끝에 부장에서 과장으로 강등시키기로 했다. 직급이 바뀌면 그에 따라 연봉도 적어지겠지만 그럼에도 불구하고 50대 후반의 남성 직장인이 받는 평균치보다는 많은 편이다.

원래대로라면 Y다의 영업 성적으로는 과장도 힘들지만 갑자기 직급을 없앨 수는 없었기 때문에 A야마로서는 오랜 고민 끝에 내린 결단이었다. Y다를 불러서 강등과 급여에 대해 설명하자 Y다는 큰 반발 없이 의외로 순순히 받아들였다.

"아, 그래? 알겠어. 그렇게 되면 실제로 받는 급여는 얼마나 되는 거지?"

Y다의 반응에 맥이 빠진 A야마가 설명하자, "그래. 사장이 그

렇게 한다는데 불평해봤자 소용없지"라며 납득하는 모습을 보였다. A야마는 솔직히 Y다가 크게 반박하거나 화를 낼 거라 생각했기 때문에 이런 반응은 실로 의외였다.

"열심히 해서 다시 부장 직급도 달고, 활약하는 모습 보여주길 바라."

A야마는 Y다를 격려했다. 그러자 Y다는 A야마를 향해 "아, 나는 이제부터 과장이 해야 할 일만 할 테니까 그런 줄 알아"라고 어처구니가 없는 말을 내뱉고 사장실을 나갔다. A야마는 Y다의 말에 아연실색하여 의자에 앉은 채로 깊은 한숨을 쉬었다.

'과장이 하는 일만 하겠다니…. 지금은 그럼 부장이 할 일은 제대로 하고 있단 말인가? 평직원만큼의 일도 안 한 주제에 대체 무슨 막말을!'

A야마는 분노로 인해 피가 거꾸로 솟는 느낌이 들었다. 며칠이 지나고 매월 두 번 열리는 영업 강의가 돌아왔다. 강의 중간에 있는 휴식 시간에 A야마가 커피를 마시고 있는 H모토에게 말을 걸었다.

"H모토 씨 오늘 강의는 어때요?"

"아, 사장님. 오늘도 큰 자극을 받았습니다. 다들 의욕이 넘치는 것 같아요."

"다행이군. 그런데 Y다 과장은 좀 어때?"

"아, 그게 말이죠…."

H모토는 억지로 웃으며 강의 중 Y다의 모습을 얘기해주었다.

"저번과 똑같아요. 협조할 생각이 전혀 없어 보이세요. 게다가 오늘은 강사님께 어찌나 잘난 척을 하던지 저희도 완전히 질려버렸어요."

H모토의 말에 따르면 Y다는 시종일관 의욕 없는 태도로 있다가 주변 직원에게 "이렇게 해서 잘 팔리면 고생할 일도 없겠네. 그렇지?"라며 강사에게 다 들릴 정도로 말을 시키기도 했다고 한다.

"주변 사람도 기분이 나빠질 정도인데, Y다 과장님은 그냥 빼주시면 안 될까요?"

H모토는 진저리를 치며 호소했다. 휴식 시간이 끝나고 강의가 다시 시작되었을 즈음 A야마도 강의 모습을 살피러 갔다. 맨 뒷자리에서 불만 가득한 표정으로 팔짱을 끼고 삐딱하게 앉아 있는 Y다의 모습이 보였다.

강사가 말을 걸어도 표정을 바꾸지 않고 "딱히", "관심 없어요", "모르겠습니다"라고 대답하며 적대심을 드러내고 있었다. 그런 모습에 단단히 화가 난 A야마는 강의 중임에도 불구하고 Y다를 다른 방으로 불러냈다.

"그 태도는 대체 뭐야? 강사님한테 실례잖아! 관리직이면 관리직답게 조금이라도 부하 직원에게 미칠 영향도 생각해야지!"

Y다는 부루퉁한 얼굴로 A야마를 노려보며 반론했다.

"내가 과장의 일만 한다고 말한 것 같은데. 월급도 깎인 마당에 예전이랑 똑같이 일하길 바라다니 욕심이 과하시네."

"그 말이 아니잖아. 부장이든 과장이든 평직원이라도 지금 그 태도가 잘못 됐다고 말하는 거야. 그리고 부하 직원에게 미칠 영향을 생각해야 하는 건 부장이든 과장이든 마찬가지야!"

A야마가 흥분해서 소리를 높이자 Y다는 불쾌한 기색을 숨기지 않고 말했다.

"그럼 자르면 되겠네."

Y다는 막말을 내뱉고는 거래처에 다녀오겠다며 그대로 나가 버렸다.

눈에 띄는 불만
가득한 행동을 서슴지 않다

◍◍

그 일이 있고 난 뒤에도 Y다의 태도는 점점 더 나빠져서 부하를 무시하거나 대놓고 혀를 차기도 하고 큰 소리로 문을 닫거나 서류를 던지는 등 성질을 부리는 탓에 주변 사람들도 지쳐갔다. 어느 날 F오카가 타온 커피의 온도가 맘에 들지 않았던 Y다는 집요하게 괴롭히기 시작했다.

"F오카 씨는 언제쯤 커피를 제대로 타게 될까? 이렇게 뜨겁게 가지고 오면 마실 수가 없잖아!"

F오카는 순간 욱했지만 침착하게 대답했다.

"어제는 미지근해서 싫다고 하셨잖아요. 그래서 오늘은 조금 뜨겁게 탔는데요."

"쯧쯧, 요즘 젊은 사람들은 커피 하나도 제대로 탈 줄 모른다니까."

Y다는 다시 타오라며 F오카에게 컵을 던지듯 넘겼다.

지금까지 계속 Y다의 기분을 거스르지 않기 위해 신경 써서 대하던 F오카였지만 결국 참지 못하고 터져버렸다.

"적당히 좀 하세요! 과장님 기분이 나쁠 때마다 주변에서 얼마나 눈치를 보는지 아세요? 마음에 들지 않으시면 커피 정도는 직접 타서 드세요!"

"뭐라고? 상사한테 이게 무슨 태도야?"

Y다도 지지 않고 소리를 높이며 F오카를 몰아붙였다.

"상사 대우를 받고 싶으시면 조금이라도 상사답게 행동하시는 게 어떠세요? 뭐라도 된 것처럼 주변 사람들한테 아무렇지도 않게 막말을 내뱉으시고 주변 직원 모두가 힘들어하고 있다고요!"

Y다의 얼굴이 새빨갛게 달아올랐다.

"신입 주제에 건방지게! 앞으로 나올 필요 없어. 당장 해고야!"

'해고'라는 말에 F오카가 겁을 먹자 두 사람의 모습을 지켜보고 있던 A야마가 Y다 앞에 나타나 조용히 말했다.

"며칠 전 나한테 분명 과장의 일만 하겠다고 했지? 영업과장에게 인사권은 없어. 그러니까 F오카를 해고할 권한도 없어."

그리고 F오카와 조용히 상황을 살피던 직원들을 향해 머리를 숙여 사과했다.

"모두 미안합니다. 제가 과장에게 확실하게 말하지 않아서 여러분이 불쾌한 일을 겪게 했어요. 대신 사과합니다."

그런 다음 Y다를 향해 냉정하게 말하고 방을 빠져나갔다.

"앞으로 계속해서 직원들에게 성질 부리고 물건을 던질 거면 자네야말로 앞으로 회사에 나오지 않아도 괜찮으니까."

그 후로 Y다도 조금은 얌전해져서 신경질을 부리던 태도도 많이 좋아졌다. 사내 분위기는 아직 조금 어색했지만 다른 직원들도 Y다의 눈치를 보며 겁먹을 일 없이 편하게 일을 할 수 있게 되었다. A야마는 진작에 제대로 조치를 취하지 못한 자신의 태도를 반성했다.

직장에서 악영향을 끼치는
'기분파 부하'를 대하는 방법

불쾌한 기분을 숨기지 않는 부하가 회사에 있으면 주변 사람이 눈치를 보거나 괜히 긴장하여 스트레스를 받는다. 자신이 상대방의 기분을 상하게 하는 행동을 한 것도 아닌데 화풀이하듯이 신경질을 부리는 사람이 있으면 참고 견디기 어렵다. 이러한 부하의 행동에 어떻게 대처하면 좋을까?

대체로 불쾌한 기분을 드러내는 사람은 분노나 어떤 욕구불만이 쌓인 경우가 많다. 이런 분노나 불만을 '신경질'이라는 잘못된 방법으로 표현하는 것이다. 그런 사람을 똑같이 신경질적으로 대하거나 무서워서 덜덜 떨거나 비위를 거스르지 않게 조심스럽게 대하면 상대의 계략에 빠지는 것이다.

먼저 상대의 태도에 동요하지 않는 것이 중요하다. 어디까지나 냉정하고 이성적으로 대응하면서 해야 할 말은 해야 한다. 상대의 기분은 자신의 문제가 아니라 상대의 문제이기 때문이다. 그런 다음 상대의 기분이 나쁜 이유를 추측하다 보면 해결 방법이 떠오르기도 한다.

앞서 말했다시피 기분이 안 좋은 사람은 어떤 불만이나 분노를 품고 있기 때문에 이러한 감정을 이해하면 본질적인 문제를 알아챌 수도 있다. 단, 필요 이상으로 동조하면 위험하다. 어디까지나 냉철하고 이성적으로 대응하는 것이 중요하다.

건강상의 문제가?

"나를 바보 취급하는 거야?!"
60대 부하가 버럭 화를 내는 이유는…

N사는?

창립한 지 60년 된 금형 제조 회사로 종업원 수는 200명 정도다. 보수적인 조직 문화를 가진 기업으로 제조 현장 직원 중에는 기술에서만큼은 장인 정신이 투철한 사람이 많다. 제조 현장에서 일손이 부족해져서 작년에 정년을 60세에서 65세로 연장했다.

등장인물

H사카   60대 남성 직원. 제조 현장에서 근무하다가 실수가 잦고 근무 태도에도 문제가 있어서 총무과로 소속이 변경되었다.

S야마   40대 남성 직원으로 총무과장의 직책을 맡고 있고 H사카의 상사다. 제조 현장에서 문제가 있던 H사카를 총무과로 데려왔지만, 여러 문제를 일으키는 H사카의 행동에 곤란해 하고 있다.

M이   총무과의 30대 여성 직원. 대학교를 졸업하고 N사에 입사하여 지금까지 계속해서 총무과에서 근무하고 있다. 무슨 일이든 확실한 것을 좋아하는 성격이다.

F 의사   N사의 산업보건의로 40대 남성. 소탈한 성격의 소유자로 S야마의 신임을 얻고 있다.

버스 운전기사에게
큰 소리로 화내는 시니어 직원

◕◕◕

"과장님, 어제 버스에서 H사카 씨가 기사님께 심각하게 화를 내는 모습을 봤어요."

여성 직원인 M이가 총무과장인 S야마에게 말을 걸었다. M이는 H사카가 폭언하는 모습에 충격을 받은 눈치였다.

"어제 비가 와서 버스가 조금 늦게 왔거든요. 그게 짜증이 났는지 H사카 씨가 버스에 타자마자 기사님께 시간을 왜 안 지키냐면서 버스비를 못 내겠다고 버스가 떠나가라 소리를 지르는 통에 제가 다 부끄러워서 혼났어요."

H사카는 제조부에서 총무과로 부서 이동한 60대 남성 직원이다. 동종업계 타사에서 오랫동안 근무하다가 50대 후반에 N사로 이직하여 계속 제조 현장에 있었다. 최근 업무에서 실수가 잦

고 근무 태도에도 문제가 있어서 총무과로 배치 전환되었다. 그러나 사무직인 총무과에서는 업무를 잘 익히지 못해서 상사인 S야마를 고민하게 했다.

'새로운 일에 적응하려다 보니 스트레스가 많이 쌓였나?'라고 S야마는 생각했다.

"아, 그러고 보니…."

M이는 계속해서 말을 이어갔다.

"몇 달 전에는 팸플릿 제작을 의뢰한 인쇄업체에도 엄청 화를 내시더라고요."

인쇄업체 담당자가 10분 정도 늦는다고 전화를 했는데, H사카가 전화기에 대고 엄청나게 호통을 쳤다고 했다.

"그런 사소한 일로 그렇게까지 화를 내시다니 업체 담당자만 불쌍하죠. 나이를 먹으면 작은 일에도 쉽게 화가 난다고 하던데 그래서 그런 걸까요. H사카 씨의 젊은 시절을 보지 못했으니 뭐라고 말도 못 하겠네요."

M이는 고개를 절레절레 흔들고 자리로 돌아갔다.

S야마는 H사카가 화내는 모습을 본 적이 없어서 딱히 할 말은 없었지만, 평소 기분 나쁜 티를 내며 일하는 H사카의 모습을 떠올려 보면 어떤 모습이었을지 보지 않아도 짐작할 수 있었다.

사내에서도 화가 나면
행패를 부리다

∞

며칠 뒤 컴퓨터로 서류를 작성하고 있던 S야마를 경리과의 여성 직원이 찾아왔다.

"과장님 잠깐 시간 괜찮으세요?"

경리과의 직원을 따라 회의실로 들어가자, 최근 경리과 직원들이 H사카 때문에 곤란해 하고 있다며 상담을 해왔다.

"얼마 전 H사카 씨가 경리과에 오셔서 엄청 화를 내고 가셨어요. 월급이 제대로 안 들어왔고 경비 정산도 틀렸다면서요. 그래서 확인해봤는데 저희 잘못이 아니고 H사카 씨가 착각하신 것 같아서 계속 설명했는데도 전혀 듣지 않으셔서 아주 난감했어요."

경리과 직원의 말에 의하면 H사카는 엄청난 기세로 소리를

243

지르고 화를 내면서 경리과 직원의 설명을 듣지 않고 일방적으로 분노를 쏟아냈다고 한다. 그런 상황에서도 어떻게든 끝까지 설명하려고 했던 직원에게 자신을 바보로 아냐고 하면서 더 크게 화를 내는 바람에 수습할 수 없었다고 했다.

"너무 크게 화를 내셔서 저도 다른 직원도 너무 놀라고 무서워서 아무 말도 못 했어요. 과장님께서 뭐라고 말 좀 해주시면 안 될까요?"

얼마 전 M이에게 버스에서 있었던 일과 거래처 담당자를 대하는 태도 등에 대해서도 들은 바가 있는 S야마는 H사카와 직접 대화를 나누어 보기로 했다.

"H사카 씨, 얼마 전 경리과에서 소란이 있었다고 하던데 그때 일로 경리과 직원이 저를 찾아왔어요."

그날 있었던 일에 대해 확인하는 S야마에게 H사카는 생각지도 못한 대답을 했다.

"네? 무슨 말씀이세요? 제가 소리를 지르고 화를 냈다고요?"

H사카는 전혀 기억하지 못하는 눈치였다. 그래서 S야마는 순간적으로 경리과 직원이 일을 부풀려 말한 것은 아닌지 의심했다. 또 인쇄업체의 담당자를 대하던 태도에 대해서도 묻자 "그런 적 없습니다"라며 역시 처음 듣는 소린인 것처럼 대답했다.

"아…, 그렇습니까? 저도 어디서 전해 들은 말이라 일단 확인이 필요하다고 생각했습니다. H사카 씨가 그런 사실이 없다고 하시니 어쩌면 다른 사람이 오해했을 수도 있겠네요."

이렇게 말하면서도 S야마는 어딘가 홀린 기분이었다. 자리로 돌아온 S야마가 M이에게 확인하기 위해 H사카와 나눈 대화 내용을 전달했다. M이는 미간을 구기며 심각한 표정을 지었다.

"H사카 씨는 확실히 인쇄업체에 화를 내셨어요. 그렇게 화를 내고 기억을 못 할 리가 없는데. 혹시…."

"혹시?"

S야마가 재촉하자 M이는 목소리를 한껏 낮추어 말했다.

"어딘가 아프신 거 아닐까요? 사실은 그때 화낸 일 말고도 업무 전달 사항을 잊으신 적도 많고 지난번에는 복사기를 사용할 줄 몰라서 한참을 가만히 서 계시더라고요."

"에이, 설마 그럴리가. 나이가 있으니까 깜빡할 수도 있지. 복사기는 익숙하지 않으니까 조작 방법에 서툴렀던 게 아닐까?"

병에 걸렸을 수도 있다는 말을 듣고 깜짝 놀랐지만, S야마는 그럴 리가 없다고 생각했다. 그러나 M이의 심각한 표정은 쉽게 풀리지 않았다.

"단순한 건망증이 아닌 것 같아요. 무슨 말을 했는지 잊은 게 아니라 대화를 나눈 상황 자체를 기억하지 못하잖아요. 사실 저의 할머니가 치매를 앓으셨는데 그때의 모습과 약간 비슷해서요."

S야마는 설마 했지만, 60세가 넘은 H사카의 건강에 이상이 생겼을 가능성이 있다고 생각했다. S야마는 불안한 마음을 억누르며 한동안 주의 깊게 살펴보기로 했다.

그로부터 열흘 정도 H사카의 모습을 유심히 살피던 S야마는 M이의 말대로 확실히 이상함을 느꼈다. 부탁한 일을 까먹거나 (부탁받은 사실 자체를 잊어버린 듯했다), 며칠 전 탕비실에서는 차를 우리는 방법이 기억나지 않는 듯 곤란한 표정으로 컵을 들고 가만히 서있던 적도 있었다.

또 회사의 다른 층에 갔다가 자신이 근무하는 곳이 기억나지 않았는지 몇 시간이나 자리를 비운 일도 있었다. 다행히 같은 총무과 직원이 어찌할 바를 모르고 있는 H사카를 발견하여 같이 돌아올 수 있었다. 이 일로 역시 건강에 문제가 생긴 게 분명하다고 생각한 S야마는 산업보건의인 F의사에게 상담하기로 했다.

설마 했던
조발성 치매?

（CCO）

"지금 들은 얘기만 놓고 보면 치매일 가능성이 높네요."

F의사에게 전화를 건 S야마는 '치매'라는 단어에 충격을 받았다.

"그런데 H사카 씨는 아직 60대 초반인데요. 치매에 걸리기엔 빠른 것 같은데."

F의사는 S야마의 의견을 부정했다.

"치매는 젊은 사람도 걸릴 수 있어요. 40대에도 발병하는 경우가 있어요. 일단 전문의한테 진찰을 받아 보는 게 좋을 것 같습니다."

S야마는 또다시 충격을 받았지만 일단 병원 상담을 받게 할 필요가 있다고 생각했다. 그러나 H사카에게 직접 치매가 의심되

니 병원에 가보라는 말을 꺼내기 어려웠다. 그래서 마침 다음 달에 예정되어 있는 건강검진 때 F의사가 H사카와 면담을 하고 검사를 권유하기로 했다. 면담을 마친 F의사가 H사카의 동의를 얻어 S야마에게 연락을 했다.

"역시 H사카 씨는 치매일 가능성이 있어요. 다음 달에 전문 병원에서 검사를 받아보겠다고 하시네요. 앞으로 업무에 대해서 불안해하시던데 과장님이 대화를 한 번 나눠 보시면 좋을 것 같아요."

S야마는 H사카를 어떻게 하면 좋을지 고민에 빠졌다. 며칠이 지나 S야마는 H사카를 불러서 단도직입적으로 현재 상태에 대해 물었다. H사카는 불안하고 당황스러운 표정을 지었고 역시 횡설수설하며 상황이 좋아 보이지 않았다.

"F선생님이 전문의를 소개해주셨다고 들었는데 가족 분들과 함께 가보시면 어떨까요?"

S야마가 조심스럽게 말을 건네자 H사카는 그렇게 하겠다며 힘없이 대답했다. S야마는 그 자리에서 본인의 허락을 받고 H사카의 아내에게 전화를 걸었다. H사카의 아내는 남편의 변화를 꽤 오래전부터 눈치 채고 몇 번인가 검사를 권했지만, 말을 듣지 않았다고 했다. 아내는 따로 떨어져 사는 아들의 도움을 받아 남편을 병원에 데려간 후 다시 연락해주기로 하고 전화를 끊

었다.

그 후에도 H사카는 일을 계속했지만 지시한 내용을 잊어버리거나 잦은 실수로 인해 회사에도 영향을 미치게 되어 주변 직원을 곤란하게 하는 상황이 생겼다. 몇 주가 흐른 뒤 H사카의 아내에게서 전화가 왔다. 전문의에게 검사를 받은 결과 역시 치매 진단을 받았다고 했다.

아내는 충격을 받은 것 같았지만 아들이 많이 도와주고 있어서 그나마 의지가 된다고 눈물을 흘리며 말했다. 아내는 남편이 계속 출근을 해도 회사에 피해가 갈 테고 나이도 나이인 만큼 이번 달 말일 자로 퇴직하고 치료에 전념하고 싶다고 했다.

S야마는 복잡한 기분이 들었다. 만약 휴직한다고 해도 나이 때문에 복귀할 가능성이 낮고 또 치매를 앓으면서 업무를 수행한다는 것은 불가능하기 때문에 아내의 요청을 받아들이기로 했다.

'화를 내는 노인에 대해 들어본 적이 있지만 설마 치매가 원인일 줄이야…'

S야마는 고령의 직원과 함께 일하는 어려움을 통감했다.

고령의 부하라면
평소와 다른 모습에 주의

    요즘은 100세 시대라고 해서 연금의 수급 개시 연령이 높아졌고 노동력 부족으로 인해 정년 연령을 올리는 기업도 늘고 있다. 나이에 상관없이 활발히 활약할 수 있는 사회는 환영받아 마땅하다.

    하지만 건강 상태나 체력은 사람마다 다르다. 70세가 넘어도 여전히 건강하게 현역으로 일하는 사람이 있는가 하면 젊은 나이에도 건강 상태가 나빠져서 일을 하지 못하는 사람도 있다.

    따라서 고령 직원의 건강 상태는 평소에 신경을 쓸 필요가 있다. 매년 받는 건강 진단 결과는 인사부 등에서 확인할 테지만 평소 모습에서 이상한 점이 느껴지면 주의 깊게 살펴봐야 한다.

☐ 평소보다 실수를 자주 한다.

☐ 일정을 까먹거나 중요한 용건을 종종 잊어버린다.

☐ 평소 계속해 오던 일을 갑자기 하지 못한다.

☐ 짜증이 늘었다.

앞에서 언급한 치매의 징후 이외에도 평소와 다른 모습을 보이거나 위화감이 느껴질 때 가족의 도움을 받아 집에서의 평소 모습 등을 물어보면 빠르게 상태를 파악할 수 있다.

고령의 직원뿐만 아니라 부하의 건강 상태의 변화를 빠르게 알아채기 위해서라도 평소에 부하의 모습을 살피면서 수시로 소통해 보는 것이 중요하다.

05

몬스터 부하와
어떻게 함께할 것인가?

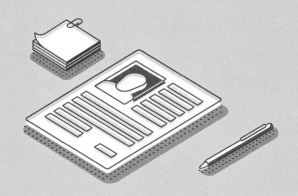

만약 당신의 부하가
몬스터 직원이라면?

∞

만약 당신의 부하가 몬스터 직원이라면 어떻게 하겠는가? 무책임하고 자기중심적이며 거짓말쟁이에 유치하고 윤리의식마저 낮다. 이런 부하가 있다면 대부분의 상사는 여기저기 휘둘리다 정신적으로 피폐해져서 더 이상 엮이고 싶지 않을 것이다.

실제로 몬스터 부하는 말이 통하지 않아서 대화를 나누어도 의견이 좁혀지지 않은 채 끝나는 경우가 많다. 애초에 서로 다른 가치관을 가지고 있기 때문에 의견이 맞지 않을 수밖에 없다. 그렇다고 해서 상대방을 계속 피하기만 하면 점점 다른 사람에게 악영향을 미치고 어느 순간 정신을 차려보면 이미 팀이 붕괴되고 있는 사태가 벌어질 수 있다. 그렇기 때문에 아무리 말이 통하지 않은 상대라 해도 피하지 말고 마주하는 것이 중요하다.

대부분 몬스터 부하의 문제 행동 이면에는 그 사람만의 욕구 불만이 숨어 있다. 사람이 문제 행동을 일으킬 때는 어떤 충족되지 않는 욕구를 품고 있는 경우가 많다. 이러한 욕구를 잘못된 방법으로 채우려고 하는 말과 행동이 문제 행동이 되는 것이다.

필자가 예전에 상담 받은 사례 중에 이런 일도 있었다. 즉시 전력으로 채용한 30대 후반 경리과장이 입사하자마자 사내 관리 체제와 직원들의 무능함을 비난했다. 또 경리과 직원에게는 일을 못 하면 잔업 수당을 신청하지 말라고 하거나 휴일에는 타임 카드를 찍지 않고 출근을 하라는 등 말도 안 되는 요구를 했다.

그 사실을 알게 된 사장이 주의를 주자 경리과장은 나쁜 의도는 없었다며 변명을 늘어놓았다. 그리고 주변에서 자신을 폄하하기 위해 거짓말을 한다면서 잘못을 인정하려 하지 않았다. 직원들은 경리과장에게 휘둘리는 상황이 계속 발생하자 더 이상 견딜 수 없어 그를 그만두게 하고 싶다는 상담을 계속해왔다.

상담요청을 받은 필자는 직접 당사자와 사장을 한 자리에 모아 면담을 시작했다. 과장은 처음에는 경계하면서 제대로 협조하지 않았지만, 진지하게 대화를 이어나가다 보니 문제 발언 이면에 자신의 능력을 인정받고 싶은 욕구가 숨어 있음이 드러났다. 주변 사람들에게 자신의 업무 능력을 빨리 인정받고 싶은 욕심 때문에 회사와 동료를 깎아내리면서 상대적으로 자신이 우위에 있음을 증명하려고 한 것이다. 본인 스스로조차 그런 자신의 심리를 눈치 채지 못한 것 같았다. 그러나 그의 마음속에 인정 욕구와 주변에게 인정받지 못할 것을 두려워하는 불안감이 있다는 사실을 알 수 있었다.

실제로 그런 본심을 주변에서 알아채도 당사자가 자신의 기분을 스스로 깨닫지 못하는 한 대응하기 어렵다. 하지만 그 본심을 알아채주는 것만으로도 조금이나마 유연한 대처가 가능해진다. 먼저 상대방의 말과 행동의 이면에 숨어 있는 본심이 무엇인지, 문제 행동의 원인이 무엇인지를 파악하는 것이 문제 해결을 위한 첫 단계다. 문제를 해결하기 위해서라도 몬스터 부하를 피하지 말고 제대로 마주할 필요가 있다.

몬스터 부하가 일으키는 문제 행동의 내용은 천차만별이지만, 몬스터 부하의 특징을 살펴보면 크게 몇 가지 유형으로 구분할 수 있다. 상대방의 유형을 알고 나면 대처 방법도 쉽게 찾을 수 있다.

거짓말쟁이
몬스터 직원 유형

몬스터 부하 중에는 거짓말쟁이가 많고 거짓말의 방법도 다양하다. 금세 들통 날 알기 쉬운 거짓말을 하는 유형이 있고, 교묘하게 거짓말을 하는 유형도 있다. 그중에서 특히 대응하기 까다로운 유형이 교묘하게 거짓말을 하는 몬스터 직원이다.

그들은 언뜻 보면 인상이 좋고, 주변의 평판이 나쁘지 않은 경우가 많다. 주변 사람이 그들이 거짓말을 할 것이라고 생각하지 못하기 때문에 그들이 하는 말을 그대로 믿게 된다. 이렇게 반복적으로 그들의 교묘한 거짓말에 주변 사람이 속아 넘어가면 조직이 붕괴되는 일이 생기게 된다.

상사에게는 "○○씨가 과장님의 업무 처리 방식에 불만이 많던 걸요", "△△씨가 부장님과 같이 일하기 싫다고 하더라고요"

등과 같은 고자질을 하면서 그 행위가 마치 친절함에서 우러나온 것처럼 포장한다. 동료에게는 "○○씨가 뒤에서 □□씨 때문에 업무가 진행이 안 된다고 투덜거리는 걸 봤어요", "□□씨가 매번 ○○씨에게 일을 다 떠넘겨서 짜증이 난다고 했어요" 등 누군가가 험담을 한 사실도 전달한다.

이러한 말과 행동을 평소 주위에서 그다지 신뢰받지 못하는 사람이 하면 주변 사람도 진지하게 받아들이지 않지만, 교묘히 거짓말하는 몬스터 직원의 말은 의외로 그대로 믿어버리는 경향이 있다. 거짓말을 하는 목적이 명확하지 않은 경우도 많지만, 근본적으로 들어가면 인간관계를 자기 뜻대로 조종하고 싶은 욕구에서 비롯된다.

뒤에서 당신에 대한 나쁜 소문을 퍼트리고 다니는 사실을 알려줌으로써 같은 편으로 인식하게 만들거나 그 사람을 싫어하게 만들었던 누군가가 한 명쯤은 있었을 것이다. 어린 시절, 같은 반 친구를 선생님께 이르거나 친구에게 다른 친구가 험담하고 다닌 사실을 알려서 관계를 멀어지게 만든 아이 말이다. 이런 말과 행동을 어른이 되어서까지 직장에서 하는 사람이 거짓말쟁이 몬스터 직원이다.

실수를 덮어씌워서 후배를 퇴사로 몰고 간 여성

인간관계를 무너뜨릴 목적으로 거짓말을 하는 몬스터 직원이 있는가 하면 자기 자신을 보호할 목적으로 교묘하게 거짓말을 하는 몬스터 직원도 있다. 누구나 자기 자신을 소중히 여긴다. 그래서 때로는 자신을 보호할 목적으로 작은 거짓말을 하는 경우가 있다. 하지만 아무리 자신을 보호하기 위해서였다고 해도 다른 사람을 함정에 빠뜨리는 거짓말을 하면 문제가 된다.

예전에 자신이 저지른 실수를 후배에게 떠넘겨서 후배를 몇 명이나 퇴사하게 만든 몬스터 직원에 대한 상담을 한 적이 있다. 그 몬스터 직원은 주변 사람에게 싹싹하고 일도 잘한다는 평가를 받는 베테랑 직원이었다.

그런데 그녀는 회사에 수천만 엔에 달하는 큰 실수를 저지르고 교묘하게 거짓말을 해서 잘못을 후배에게 덮어씌웠다. 주변에서도 그녀가 그런 실수를 저질렀을 리 없다고 생각했기 때문에 그녀의 말을 믿었다. 그러나 몇 번이나 비슷한 일이 발생하고 또 그녀의 밑으로 들어 온 후배가 바로 퇴사하는 일이 반복되자 상사는 의심하기 시작했다.

어느 날 또 큰 클레임이 들어오자 이번에도 그녀는 후배의 탓으로 돌리기 위해 컴퓨터 데이터를 조작하여 거짓말을 했다. 그러나 미리 로그 기록을 빼서 누가 언제 컴퓨터를 조작했는지 기록을 확인한 결과, 그녀가 거짓말을 했다는 사실이 밝혀졌다.

증거를 모아 그녀를 추궁하자 궁지에 몰린 그녀는 후배가 자신의 ID를 사용해서 데이터를 조작했다고 또 거짓말을 했다. 그러나 거짓말이 통하지 않자 이번에는 상사가 자신에게 실수를 뒤집어씌우려고 한다면서 반격했다. 그러고는 갑자기 상사에게 괴롭힘을 당했다고 주장하며 회사가 자신이 하지도 않은 일로 퇴사를 강요한다면서(회사는 퇴사를 강요한 적이 없음에도 불구하고) 변호사를 선임하여 직장 내 괴롭힘 등에 대한 위자료를 청구하는 내용증명서를 보내서 회사를 놀라게 했다.

결국엔 회사도 변호사를 통해 일이 이 지경에 이른 경위와 그녀가 저지른 실수를 후배에게 뒤집어씌운 사건을 설명하고 직장 내 괴롭힘은 전혀 사실이 아님을 전달하자, 그 후로 연락이 오지 않았다. 그녀는 소동이 있고 난 뒤 몸이 좋지 않다며 두 달 가까이 쉬다가 끝내 퇴사했고 회사도 한시름 놓았다.

교묘한 거짓말을 하는 직원을 간파하는 일은 매우 어렵다. 상대방이 거짓말을 하고 있다고 처음부터 의심하는 것도 문제가 된다. 문제가 발생한 상황에 대해 양쪽 모두의 말을 들어 보고 색관적인 시점에서 사실을 파악하지 않으면 질못 판단하게 되므로 주의해야 한다.

자기애형
몬스터 직원 유형

∞

    거짓말쟁이 몬스터 직원과 약간 비슷한 부분이 있지만 골칫거리 직원 중에는 삐뚤어진 자기애가 강한 유형이 있다. 그들은 타인에게 자신이 매우 소중한 존재가 되길 강하게 바라며, 자신에게 우호적이지 않은 대응이나 자신의 생각대로 반응하지 않은 사람이 있으면 문제 행동을 일으키는 경향이 있다. 그들은 보통 다음과 같은 특징을 보인다.

□ 자기 말만 하고 남의 말은 듣지 않는다.

□ 다른 사람이 말하는 중간에 끼어들어 관심을 자신에게 돌린다.

□ 자기 자신을 과시하기 위해 시시콜콜한 자랑을 늘어놓거나 말에 과장이 심하다.

□ 부정적인 발언이 많고 늘 주위에 불만이나 불평을 퍼뜨린다.

□ 동정심을 유발하기 위해 몸 상태가 좋지 않음을 어필한다.

□ 남의 불행을 좋아한다.

처음에는 참을성 있게 말을 듣던 주변 사람도 점차 지쳐 하나 둘 떠나간다. 그러면 주목받지 못하게 된 것에 불만을 품고 문제 행동을 일으키기 쉬워진다.

이런 유형의 사람은 성별에 따라 약간 다른 특징을 보인다. 여성의 경우에는 비극의 여주인공형이 많고 남성의 경우에는 자만심이 있고 주변에 힘을 과시하는 유형이 많다.

여성에게 흔히 보이는 '비극의 여주인공' 몬스터

과거 상담을 한 사례 중에 에스테틱 살롱의 직원으로 이런 유형의 몬스터 직원이 있었다. 결혼해서 어린아이가 있는 여성이었는데 늘 자신의 처지를 한탄하며 불평을 했다.

"남편의 학력이 낮아서 승진하지 못한 탓에 경제적으로 어렵다", "동료가 일머리가 없어서 늘 자신이 나서서 준비해야 한다", "자기가 매출에 크게 기여하고 있는데 점장이 제대로 평가를 해주지 않는다" 등의 불만을 일하는 도중에도 큰 소리로 떠들었다. 업무가 끝난 다음에도 장문의 문자를 동료에게 보내고 상대방이 예상과 다른 반응을 보이면 기분 나빠했다. 그리고 자신의 마음에 들지 않는 상대는 무시하거나 상사에게 고자질하는 등 정신적으로 괴롭혔다.

처음에는 왜 저렇게 심술을 부리고 감정적으로 행동하는지 알지 못했지만, 자세히 사정을 들어보니 주변 사람에게 인정받고 싶고 주목받고 싶은 잘못된 자기애가 숨어 있는 것을 알게 되었다. 자신이 인정받지 못한다고 생각되면 그 욕구를 채우기 위해 매우 유치하고 잘못된 방법으로 상대방의 관심을 끌고 애정을 채우려고 하는 것이다. 스스로 자신감이 없거나 타인에게 무시당했다고 느끼면 그 불만을 해소하기 위해 문제 행동을 일으킨다. 그런 말과 행동 때문에 주위 사람들은 점점 그녀를 멀리하게 되었고 회사에서의 인간관계가 불편해지면서 이직이 늘어난 것이다.

그녀의 상사는 끝까지 그녀와 대화를 나눠보려고 노력했다. 하지만 그녀는 상사의 배려를 깨닫지 못하고 상사가 자신을 질책만 하고 자신의 처지를 알아주지 않는다는 이유로 퇴직했다. 퇴직할 때는 자신이 얼마나 불행한지, 상사가 얼마나 냉혹한 사람인지를 주변에 떠들어댔다.

주변을 깎아내리고 자신을 과시하는 자기애가 넘치는 남성

남성의 경우 자기애가 강한 유형은 힘을 과시하려는 경향이 많다. 한 레저시설을 운영하는 회사에 근무하는 50대 영업부장이 인사 이동으로 인해 관리부로 소속이 바뀌었다. 부하의 대부분이 업무 경력이 오래된 베테랑이었기 때문에 이들의 도움을 받으면 업무를 원활하게 진행할 수 있는 상황이었다. 그럼에도 불구하고 자신의 존재를 과시하고 싶었던 부장은 상대방을 깎아내리는 잘못된 방법을 사용했다.

부하가 1년 이상 기획하고 이미 승인까지 받은 시스템 도입에 대하여 비용 대비 효과가 미미하다는 이유로 임원에게 재검토를 요청했다. 물론 우려되는 사항이 있다면 다시 검토할 필요가 있지만 타당한 이유 없이 괜한 트집 잡기에 지나지 않았다. 이 때문에 부하 직원은 완전히 의욕을 잃게 되었다.

게다가 이미 퇴직한 전임 부장에 대해서도 "일을 엉망으로 해놓았다", "불필요한 시스템을 도입해서 회사의 돈을 낭비하고 있다", "전임자가 제대로 교육을 안 해서 관리부 직원의 수준이 낮다" 등 비난하기 바빴다. 임원에게는 영업 출신인 자신이 관리부 직원에게 숫자의 중요성을 알려서 생산성을 높이는 데 앞장서고 싶다는 등 입바른 소리를 했다. 그리고 부하에게는 얼마나 자신이 회사의 이익에 공헌하고 있는지, 관리부가 얼마나 회사의 짐 같은 존재인지를 끈질기게 말했다.

부하가 여러 개선 방안을 제안해도 이런저런 이유를 대가며 지적하는가 하면 수준 낮은 제안밖에 하지 못하냐며 자존심에 흠 집 내는 발언도 서슴없이 내뱉었다. 늘 얼굴에 인상을 쓰고 거만한 태도를 취해서 부서의 분위기가 매우 나빠졌고, 부하도 불필요한 말을 하지 않게 되면서 부서의 사기는 갈수록 저하되었다.

그런 와중에 관리부의 상태를 알게 된 담당 임원이 부장을 불러 부하 직원을 대하는 태도를 고치도록 주의를 주자 "다 회사를 위해서는 하는 일이다", "무능한 부하밖에 없어서 자기 생각대로 일을 할 수 없다" 등의 불만을 토로하며 오히려 화를 냈다. 임원은 부장의 생각과 회사에 기여하고자 하는 마음에는 감사하지만, 부장으로서의 적절한 관리가 필요가 있다고 재차 요구했다. 그러자 자신은 회사에 불필요한 존재라는 말이냐며 기분 나빠했다.

그 후로 부장의 태도는 점점 심해졌고 임원과 회사의 험담까지 하게 되었다. 회사도 더는 손쓸 수 없게 되자 결국엔 부장을 관계 회사로 파견보내기로 한다. 회사의 파견 조치를 납득하지 못한 부장은 변호사를 통해 회사의 권리 남용을 주장하며 거부했다. 결국에는 의논 끝에 퇴직금을 추가로 받는 조건으로 부장이 퇴직하기로 했고 회사도 안심할 수 있었다.

부장은 영업직으로는 뛰어난 직원이었지만 익숙하지 않은 관리부의 업무를 맡게 되면서 문제 행동이 나오게 됐다. 자신의 유능함을 과시하기 위해 주위를 무능한 사람 취급하면서 상대적으로 자신의 우수함을 인정받으려고 한 것이다. 이런 사람의 마음속 깊은 곳에 있는 것은 불안과 자신감 결여 그리고 삐뚤어진 자기애다.

자기 자신에 대한 건전한 자신감이 있다면 불안함 속에서도 자신을 믿고 정면 돌파하여 문제를 헤쳐나갈 수 있다. 그러나 이 사례처럼 어떤 사람들은 마음 깊은 곳에서부터 자신을 믿지 못하고 주변의 시선을 의식하여 문제 행동을 통해 자신의 가치를 인정받고자 한다. 결과적으로는 주변의 인정을 받기는커녕 점차 주변사람들을 떠나게 만들 뿐이다. 정작 눈여겨봐야 할 자기 자신의 문제에 눈을 돌리지 못했기 때문이다.

윤리의식 부족
몬스터 직원 유형

∞

세상에는 자기 자신밖에 모르고 상대방이나 주변 사람이 겪을 피해를 생각하지 않는 이기적인 사람이 적지 않게 존재한다. 모든 일에서 눈앞의 이해득실을 따지기 때문에 자신에게 얼마나 이득이 될지만 생각한다. 따라서 선악에 대한 판단이 흐려진다.

한 회사의 경리 담당 여성 직원이 회사 경비로 구입하는 '커피, 휴지, 세제' 등의 비품을 일부러 많이 주문하여 그중 일부를 집으로 가져가 개인적으로 사용한 사실이 발각되었다. 금액으로 따지면 큰 액수는 아니지만, 회사의 돈을 멋대로 사용했다는 의미에서 '횡령'에 해당한다. 회사는 해당 직원에게 강하게 주의를 주고 경위서를 쓰게 했다.

그러나 그녀는 지금까지 전임자도 그렇게 해왔고 회사의 관리 체제에 문제가 있는 것이니 경위서를 쓰지 않겠다며 거부했다. 그러나 전임자가 같은 일을 저질렀다는 증거가 없고 이미 퇴직한 상태이기 때문에 이제 와서 조사할 방법도 없다. 또한 전임자의 횡령 여부와 관계없이 문제 행위를 저질렀다는 사실에는 변함이 없다. 자신의 행동은 문제 삼지 않고 회사의 관리체제의 잘못이라고 단정 짓는 그녀의 말을 듣고 어처구니가 없는 동시에 어떻게 그런 생각을 할 수 있는지 의문이 들었다.

이러한 부정을 방지하기 위해서는 회사 시스템 정비가 중요하다. 사람은 약한 존재이기 때문에 눈앞의 유혹에 넘어가는 일은 누구에게나 일어날 수 있다. 그러나 사회인으로서 최소한 "다른 사람의 물건을 훔쳐서는 안 된다", "회사의 규칙은 따라야 한다" 같은 기본적인 윤리의식을 가져야 한다. 그렇지 않으면 사회를 살아가기 어렵다.

대부분 사람은 잘못을 저질렀을 때 자신의 어리석음을 부끄러워하고 반성하기 마련이지만, 윤리의식이 부족한 몬스터 직원은 자신의 잘못조차 타인의 잘못으로 돌린다. 이러한 사람에게 규칙의 중요성을 설명해도 이해하지 못하는 경우가 많고, 대화에서도 간극을 좁히지 못하고 끝나는 일이 많다. 조직을 지키기 위해서는 규칙을 위반했을 때 적용할 수 있는 처벌을 취업 규칙 등으로 정해 둘 필요가 있다.

개인적으로는 징계 처분은 되도록 피하고 당사자와 대화를 나누어 문제를 해결해 나가야 한다고 생각한다. 그러나 윤리 의식이 낮고 스스로 반성하지 못하는 상대의 경우 때로 담담하게 처분을 내려야 한다. 조직의 질서를 지키기 위해서는 냉정하게 판단할 필요가 있다.

채워지지 않은 욕구 때문에 주변을 괴롭히는 사례

직장에서의 괴롭힘이라고 하면 '성희롱'과 권력을 가진 '상사의 괴롭힘'이 문제가 되는 경우를 떠올리겠지만 '알코올 괴롭힘', '노래방 괴롭힘', '임산부 괴롭힘' 등 다양한 괴롭힘 문제가 꽤 많이 거론되고 있다. 특히 성희롱과 상사의 괴롭힘은 언론에서도 다뤄지는 경우가 많고, 그 외에도 괴롭힘과 관련한 직장 내 문제는 사례가 너무 다양하여 일일이 셀 수 없을 정도다.

직장 내 괴롭힘과 관련한 상담을 받았을 때는 물론 양쪽 모두와 인터뷰를 해서 사실 확인을 할 필요가 있다. 하지만 괴롭힘과 관련한 몬스터 직원 문제는 주로 한쪽에 문제가 있는 경우가 많다는 것을 인지할 필요가 있다.

먼저 가해자 측이 몬스터 직원인 경우로 '의도적으로' 괴롭히는 경우가 있다. 가해자는 상대의 존엄성을 훼손하여 멸시하고, 창피를 주기 위한 악의적인 의도를 지니고 있다. 따라서 매우 악

○ 알코올 괴롭힘

알코올과 관련한 괴롭힘으로 술자리에서 술을 마시고 싶지 않은 사람에게 억지로 술을 권하는 행위

○ 노래방 괴롭힘

노래방에서 이루어지는 괴롭힘으로 노래를 잘하지 못하는 사람에게 노래를 부르도록 강요하는 행위 등

○ 임산부 괴롭힘

임신, 출산, 육아 중인 여성에게 이루어지는 괴롭힘으로 임신, 출산, 육아를 이유로 정신적, 신체적인 괴롭힘 또는 해고, 고용 중지 등 부당한 대우를 하는 것

질적이고 제멋대로인 유치한 몬스터 직원이 가해자인 경우가 많다. 그들은 윤리의식이 부족하여 상대방이 얼마나 힘들어할지 그 심정을 헤아리지 못한다.

이러한 가해자에게 주의를 주면 때로는 앙심을 품고 더욱 교

묘하고 악질적으로 주변을 괴롭히는 경우가 있다. 그들의 내면을 심리적으로 들여다보면 어떤 채워지지 않은 욕구나 해결되지 않은 두려움이 숨어 있다. 이러한 감정을 해소하기 위해서 괴롭힘이라는 잘못된 방법을 선택하는 것이다.

두려움에서 시작된 당하기 전에 먼저 괴롭히는 사례

이전에 상담했던 괴롭힘 사례 중에는 '불안정한 인간관계에 대한 두려움'이 배경에 숨어 있던 경우가 있었다. 한 주택 설비 공사 회사의 영업부 주임이 괴롭힘의 가해자였던 사건이었다. 이 가해자는 모두가 보는 앞에서 부하 직원에게 "너는 정말 쓸모없는 인간이다", "너 같은 녀석한테 결혼할 여자가 있다는 게 믿기지 않는다", "표정이 어두워서 보고 있으면 기분이 나쁘다" 등과 같은 폭언을 쏟아 붓고 때때로 화를 참지 못하고 폭력을 행사하기도 했다. 매우 악질적인 괴롭힘 사건으로 피해를 본 부하는 큰 충격을 받았고 정신적 불안감으로 인해 정신건강의학과의 치료를 받게 되었다.

필자가 가해자와 면담을 했을 때 전혀 반성하는 기색이 없었고 "일을 못 하는 사람이 잘못이다", "고작 그 정도 일로 병원에 가는 사람은 필요 없다" 등 끝까지 부하 탓을 했다. 그러나 처음에는 바쁘다는 핑계를 대고 외부 사람과 나눌 이야기는 없다며 비협조적으로 나오던 가해자도 2, 3회 정도 대화를 나누는 사이에 조금씩 마음을 열기 시작했다.

그는 감정을 조금씩 드러내며 자기 생각을 털어놓기 시작했다. "회사의 간부는 모두가 모인 영업 회의에서 영업 실적이 좋지 않은 직원을 불러 질책하고 욕을 한다", "그런 와중에 자신은 어떻게든 살아남았다", "주변은 모두 적이고 동료는 누구 하나 믿을 수 없다", "방심하는 순간 주위에서 비난을 받거나 궁지에 몰리게 될 수도 있다"는 두려움을 마음속에 품고 있다는 사실이 드러났다.

그는 모두 앞에서 비난받기 전에 자신보다 능력이 부족한 누군가를 먼저 비난하고 질책하여 자기 자신을 지킬 수 있다고 생각했다. 그리고 이러한 자신의 마음속 두려움과 불신을 자각하지 못한 듯했다. 자신이 당하기 전에 누군가를 먼저 괴롭히는 것은 두려움에서 시작된 행위였다.

물론 어떠한 경우라도 괴롭힘 행위는 절대 용납될 수 없으며 즉시 그만두게 해야 한다. 그러나 괴롭힘 행위를 반복하는 몬스터 직원이 왜 그런 행동을 하게 되었는지를 살펴보면 그 속에는 더욱 본질적인 문제가 숨어 있다.

한편 피해자라고 주장하는 측이 몬스터 직원인 경우가 있다. 가해자로 지목당한 사람은 상대를 모욕하거나 창피를 주려는 악의가 없고 심지어 괴롭힌 사실도 없다. 그러나 상대방은 괴롭힘을 당했다며 불쾌한 감정을 품고 있다. 이때 실제로 괴롭힘이 있었는지 사실을 확인하기 어렵지만, 피해자의 감정 문제에서 기인한 경우가 대부분이다.

괴롭힘을 당했다고
조작하는 경우

∞

악의가 없었다 할지라도 실제로 괴롭힘에 해당하는 사실이 있으면 당연히 가해자에게 주의를 주고 행위를 멈추게 해야 한다. 그러나 괴롭힌 사실 자체가 없음에도 불구하고 피해를 주장하는 쪽에서 불쾌감을 느꼈으니 괴롭힘에 해당한다고 주장하면서 회사의 도의적인 책임을 요구하는 일도 있다.

한 IT기업에 갓 대학을 졸업한 남성이 입사했다. 시스템 엔지니어를 지망하여 입사와 동시에 약 6개월간의 연수를 받고 현장에 배속될 예정이었다. 그러나 툭하면 감기에 걸렸다, 친척이 돌아가셨다, 복통이 심하다 등의 이유를 대면서 입사하고 얼마 지나지 않았을 무렵부터 자주 휴가를 썼다.

연수 프로그램도 예정보다 늦어진 데다가 다른 동기들보다 익히는 속도도 느려서 교육 담당자는 골머리를 앓았다. 며칠 지나지 않아 신입사원이 두통을 핑계로 또다시 결근을 했고 교육 담당자는 그를 불러 면담을 했다.

교육 담당자는 체력 관리는 사회인으로서 중요한 일이니 건강에 신경 쓸 것을 당부했고 또 연수가 늦어지고 있으니 열심히 할 것을 정중하게 부탁했다. 그런데 면담이 있은 다음 날부터 신입사원이 회사에 나오지 않았다. 그렇게 무단결근을 하면서 교육 담당자에게 괴롭힘을 당했다고 호소하는 편지를 회사로 보내왔다.

편지에는 "아파도 쉬지 못하게 했다", "열심히 노력하고 있는데도 무능하다며 비난했다" 등 사실과 전혀 다른 내용이 적혀 있었다. 게다가 후배를 괴롭히는 사람을 교육 담당자로 채용하는 회사의 관리체제에 대한 의문을 제기했다. 괴롭힘 가해자에게 징계 처분을 내려달라며 회사의 관리체제 개선과 대응을 요구하기도 했다. 그리고 이에 응하지 않으면 법적 조치를 취하겠다고 적혀 있었다. 그러나 괴롭힘은 사실이 아니었고 이러한 내용을 당사자에게 전달했지만 전혀 납득하지 못했다. 결국 신입사원은 소란만 일으키고 곧 퇴직했다.

퇴직한 후에는 대리인으로 세운 변호사를 통해 직장 내 괴롭힘에 대한 위자료를 청구하는 내용 증명을 보냈다. 회사 측도 고

문 변호사를 통해 괴롭힘은 사실이 아니며, 신입 사원의 근무 태도에 문제가 있었기 때문에 통상적인 주의를 주었을 뿐이었다고 주장하고 나서야 상대방도 겨우 포기했다. 그러나 이 일로 인해 교육 담당자는 신입사원의 교육 방법에 대한 자신감을 잃었고 교육을 하는 데도 소극적인 자세를 취하게 되는 등 피해가 컸다.

대처하기 가장 힘든
피해자인 척하는 경우

언론 매체 등에서 직장 내 괴롭힘 문제가 거론되어 많은 사람이 관심을 가지면 확실히 직장 내 괴롭힘 예방에 어느 정도 효과가 있다. 따라서 직장 내 괴롭힘이 많이 언급되는 현상은 바람직하다고 볼 수 있다.

한편으로는 직장 내 괴롭힘의 정의를 잘못 이해하여 정당한 지도임에도 불구하고 자신이 납득하지 못하면 괴롭힘을 당했다고 문제를 제기하는 사람이 나타난다. 이것이 문제가 된다.

자신의 의견과 반대되는 말과 행동을 하는 사람을 어떻게든 구실을 만들어 괴롭힘의 가해자로 몰아붙이고 자신이 입은 피해에 대한 보상을 부당하게 요구하는 자기중심적인 생각을 가진 몬스터 직원이 있으면 매우 번거로워진다.

그들은 객관적이고 이성적인 대화가 통하지 않는 경우가 많다. 그런 의미에서 직장 내 괴롭힘 가해자의 문제보다 대응하기가 더 까다로운 경우가 된다.

문제 행동은 방치하면
점점 더 심해진다

∞

　자신이 속한 조직이나 자신이 관리하는 팀에 몬스터 부하가 들어오면 매우 큰 스트레스를 받게 될 것이다. 이쪽에서 아무리 일목요연하게 설명하고 타일러도 전혀 효과가 없고 문제가 복잡해질 뿐이다. 대화가 단절되고 거짓말이 만연하여 주변의 인간관계가 무너지면 팀의 존속에도 위기가 찾아온다. 몬스터 부하가 들어오면 진짜 어떻게 하면 좋을까?

　몬스터 부하의 유형은 다양하여 한 단어로 표현하기 어렵다. 그리고 그들이 일으키는 문제 행위의 원인도 각양각색이기 때문에 대응하기 전에 먼저 상대방을 알아야 대책을 세울 수 있다. 그들이 무엇을 원하는지 왜 그런 문제 행동을 하는지 원인을 파악하는 것이 중요하다.

몬스터 부하와의 대화에는 어려움이 따르고 인내심이 필요하기 때문에 커뮤니케이션 자체를 피하게 되는 경향이 있다. 조직에서 상사는 항상 바쁘고 스트레스도 많기 때문에 몬스터 부하에게 시간을 할애할 여유가 없는 상황도 이해는 된다. 그러나 그대로 방치하면 문제 행위가 점점 심해질 가능성이 있다. 그러므로 초기 단계에 적절한 조치를 취할 필요가 있다.

몬스터 부하가 문제 행위를 일으키는 진정한 목적을 알기 위해서는 당사자와의 대화가 절대적으로 필요하다. 몬스터 부하와 대화를 나누다 보면 상대방의 말에 화가 나거나 어처구니가 없는 상황도 많이 생길 것이다. 이때 상사가 감정적이 되면 상황을 냉정하게 보는 판단력이 흐려진다.

우선 상대방의 말을 그대로 듣는 '경청'의 자세로 상대방의 목적이 무엇인지를 파악해야 한다. "핑계 없는 무덤 없다"는 속담처럼 상대방도 나름의 이유가 있기 때문에 자신이 옳다고 주장하는 것이다. 이해하기 어려운 논리일지라도 우선 그들의 말을 듣다 보면 문제 해결을 위한 실마리가 보인다.

상대방의 말을 주의 깊게 들어주면 상대방도 안심하고 속마음을 털어놓게 된다. 그러다가 자신의 진짜 감정을 알게 될 때가 있다. 그러면 문제의 본질을 깨닫는 것이다.

인정 욕구가 채워지지 않아
몬스터 직원이 되다

∞

몬스터 부하의 유형에 따라서는 인정 욕구가 충족되지 않아 문제 행동을 일으키는 경우가 많다. "노력해도 주변에서 인정해 주지 않는다", "바른말을 했는데도 주변에서 이해해주지 않는다", "모두를 위해 한 일인데 오히려 비난을 받았다" 같이 자신의 평가와 타인의 평가에 차이가 있어 불만이 생긴다.

이전에 후배를 유독 심하게 괴롭히는 여성 직원 때문에 신입 사원이 금세 퇴사하여 곤란하다는 상담을 해온 고객이 있었다. 그 직원은 사무처리 업무 능력 등은 매우 뛰어났지만 커뮤니케이션 능력이 부족하여 상사의 평가가 좋지 않았다. 자신의 업무 능력에 자부심을 가지고 있어서 스스로에 대한 평가가 매우 높았으나 상사에게 정당한 평가를 받지 못한다고 생각해 불만을 품고 있었다.

이 여성 직원은 자신의 방식이 절대적으로 옳다고 굳게 믿으며 후배의 방식을 사소한 부분까지 하나하나 지켜보고 참견했다. 그때마다 "계속 이런 식이면 월급 도둑이다", "내가 한 시간이면 끝낼 일을 3일이나 가지고 있다니 회사에 미칠 손해가 얼만지 아느냐?" 같은 직장 내 괴롭힘이라고 볼 수 있는 말을 했다.

또 신입사원이 의견을 내면 기분 나빠하며 일부러 의견을 무시하고, "올해 들어온 신입은 일도 못하면서 건방지다"라는 말을 주변 사람에게 퍼뜨렸다. 상사가 주의를 주면, "자신이 회사에 기여하는 바를 몰라주고 괴롭힌다", "회사를 그만두겠다"며 서럽게 울어서 주변을 매우 곤란하게 했다.

필자가 당사자와 면담을 해보니, 그녀는 자기 일을 매우 열심히 하고 있었고 회사에 기여하고 싶은 마음이 강하다는 것을 알게 되었다. 그러나 한편으로는 자신의 노력이 헛되지 않을까 불안해했고, 인정받고 싶은 욕구가 매우 강하여 상사가 자신을 칭찬하지 않는 것에 대한 불만을 품고 있었다.

일에 대한 그녀의 생각을 진지하게 듣고 있으니 누군가 자기 말을 들어준다는 사실이 기뻤는지 꽤 오랫동안 자신이 얼마나 열정을 가지고 일하는지 신이 나서 말했다. 두세 번 정도 면담을 하는 동안 그녀의 모습에 변화가 생겼다. 지금까지의 자신의 행동을 돌아보고 후배들을 힘들게 한 이유를 생각해낸 것이다.

"저는 더 칭찬을 받고 싶어요. 정말 열심히 하고 있으니까요. 조금 더 주변에서 저를 인정해 주면 좋겠어요. 후배들은 저보다 일도 못하고 열의도 없는데 상사들과 즐겁게 대화를 나눠요. 상사들은 저한테는 말도 안 걸어 주는데 말이죠."

그녀는 자신의 공허한 기분을 털어놨다. 마음속에 있는 말을 꺼내놓는 그녀는 마치 어린아이 같았다. 어른이 되면 자신의 노력이 제대로 평가받지 못할 때도 있고 일이 생각처럼 잘 풀리지 않을 때도 많다. 또 업무에서 아무리 뛰어나도 후배를 막 대하는 사람은 조직에서 좋은 평가를 받기 어렵다. 그녀는 '업무 처리 능력'이라는 자신만의 절대적 가치관을 다른 사람에게 강요하고 있었다.

그러나 다른 가치관으로 그녀를 판단하는 주위 사람에게 자신을 이해해 주지 않는다며 불만을 품고 있었다. '사람은 저마다의 가치관을 따르기 때문에 자신의 가치관을 강요할 수 없다'는 당연한 사실을 이해하지 못했다.

필자가 면담을 하면서 그녀의 업무를 대하는 태도와 업무 처리 능력을 인정했기 때문에 그녀는 안심하고 입을 열었고 대화를 나누면서 속마음을 들을 수 있었다. 이 방법이 항상 성공한다는 보장도 없고 상대에 따라 다르지만, 인정할 부분을 인정함으로써 다음 단계로 넘어갈 수 있다. 자신의 말을 누군가 들어주길 바란다면 제일 먼저 상대방이 자신을 받아들일 때까지 기다려야 한다. 그러기 위해서는 우선 상대를 인정해주고 자신부터 상대방을 이해하고 받아들일 필요가 있다.

몬스터 부하가 있으면 그의 말과 행동이 전부 마음에 들지 않고 짜증이 날 때도 있을 것이다. 그러나 말과 행동을 다른 각도에서 보면 새로운 점을 발견하는 계기가 되기도 한다. 이 사례의 경우에도 후배를 막 대하는 행동은 문제였지만 그녀의 업무 태도가 전부 잘못된 것은 아니었다. 업무 처리 능력과 열심히 하는 모습은 인정할 만했다. 이런 부분에 초점을 맞추면 새로운 관점이 생긴다.

인정이란 무조건 상대방을 칭찬하는 것과 다르다. 상대방의 말과 행동을 자세히 관찰하기 전까지는 인정할 부분이 보이지 않는 법이다.

"한 번만 더 지각하면 해고야!"가
통하지 않는 이유

∞

　부하의 말을 듣고 받아들이는 과정에서 부하가 자신의 문제를 알아채는 일이 있다. 사람은 자신이 하고 싶은 일이 생기기 전까지 변하지 않는다. 흔히 "과거와 사람은 변하지 않는다"라고 하는데 회사생활에서도 이는 사실이다.

　상사가 입이 닳도록 주의를 주고 지적을 해도 스스로 깨닫지 못하면 근본적으로 변하지 않는다. 힘으로 상대를 바꾸려고 해도 쉽지 않다. 예를 들어, 지각을 많이 하는 부하에게 상사가 "한 번만 더 늦으면 해고야!"라고 협박해서 지각을 하지 않게 되었다고 가정해보자. 그러나 당사자는 아마도 '해고를 당하면 안 되니까 한동안은 지각하지 않게 조심해야지'라고 생각했을 것이다. 해고당한다는 '두려움'과 '불안' 때문에 행동이 바뀌었을 뿐, 이런 경우에는 대부분 조금만 지나면 원래대로 돌아간다. 그러나 어떤 계기로 인해 지각이 얼마나 주위 사람에게 폐를 끼치고 신뢰를 잃는 일인지를 스스로 깨닫고 진심으로 지각을 하지 말아야겠다고 다짐하면 개선할 수 있다.

문제가 되는 행동에 대하여 주변에서 이래라저래라 지적하거나 질책해도 그다지 효과가 없던 경우를 상사라면 한 번쯤 경험한 적이 있을 것이다. 상사는 어디까지나 부하가 자신의 문제를 알아챌 수 있도록 돕는 역할만 할 뿐이다. 예를 들어, 식물을 빨리 자라게 하고 싶다고 억지로 잡아당겨서는 안 된다. 물의 양, 비료의 양과 질, 햇빛의 조절, 온도 등 식물의 종류에 따라 최적의 환경을 제공하는 방법 외에 효과적인 것은 없다. 또 식물의 종류에 따라 적합한 환경이 필요하기 때문에 각각의 특징을 알아보고 적절한 환경을 만들어 주어야 한다.

문제가 있는 부하에 대해서도 동일한 방법으로 대응해서는 생각한 만큼의 결과를 얻을 수 없다. 사람은 저마다 자신만의 개성과 특징, 가치관을 가지고 있고 이는 사람에 따라 천차만별이다. A에게 사용한 방법이 B에게도 통한다는 보장이 없다. 상대방의 가치관을 파악하고 상대방이 알아챌 수 있게 일깨워 주는 방법이 필요하다.

이때도 상대방의 말에 경청하는 커뮤니케이션 방법이 효과적이다. 경청은 원래 카운슬링 기법의 하나로 간단하게 말하면 듣는 사람이 수용하고 공감하는 것이다. 듣는 사람이 말하는 사람의 거울 역할을 한다. 말하는 사람은 듣는 사람에게 말하면서 자신의 마음을 거울로 비추어 보는 것과 같은 효과를 얻어 자신의 진정한 기분과 문제의 원인을 스스로 깨닫게 된다.

물론 상사는 전문 카운슬러가 아니기 때문에 부하의 문제 해결을 위해 대단한 역할을 하지는 못한다. 그러나 부하가 문제를 스스로 알아챌 수 있게 도움을 줄 목적이라면 경청이라는 수단은 매우 효과적이다. 적어도 억지로 부하를 교정하려 하지 말고 상대방이 스스로 깨달을 수 있다는 가능성을 염두에 두고 대응해야 한다.

터무니없는 요구를 들이미는
부하를 대하는 방법

∞

　몬스터 부하 중에는 불합리한 요구를 하는 사람도 있다. 한 화장품 판매 회사의 점장에게 불합리한 요구를 하는 부하에 대한 상담을 받은 적이 있다. 한 부하 직원이 가게 문에 손가락이 끼어 다쳤다. 이전부터 문의 이음새 부분이 헐거워져서 가끔 저절로 세게 닫히는 일이 있었기 때문에 직원들 사이에서도 고쳐야 한다는 말이 오갔었다.

　평소라면 조심했을 텐데 그날따라 유독 바빴던 탓에 서두르다가 문 사이에 손이 끼면서 다친 것이다. 새끼손가락이 부어올라 서둘러 병원에 갔고 일주일 정도 쉬어야 한다는 진단을 받았다. 그러나 시간이 흘러 이미 상처가 다 나았음에도 불구하고 정신적 충격으로 인해 출근할 수 없다는 평계를 대면서 계속 일하러 나오지 않았다고 한다.

또 그 다친 직원은 "가게의 대응에 성의가 없다", "보통 이런 경우에는 위로금을 줘야 한다"고 주장했다. 점장도 설비의 문제로 일어난 일이기 때문에 책임을 느껴서 위로금 명목으로 10만 엔을 사과의 말과 함께 전달했다. 그러나 상대방은 그것으로 만족하지 못하고 문에 낀 순간에 느낀 공포 때문에 일을 못 하게 되었다며 쉬는 기간에 대한 보상까지 요구했다.

상처로 인해 일하지 못한 기간에 대해서는 산재보험의 적용을 받아 휴직 급여가 지급되지만, 상처가 나은 다음에는 당연히 보험의 적용 대상이 아니기 때문에 휴직 급여가 나오지 않는다. 하지만 그녀는 노동청을 찾아가서 정신적인 충격으로 회사에 나가 업무를 할 수 없으면 산재라고 주장한 모양이었다. 물론 인정을 받지 못했고, 그 공격의 화살은 점장을 향했다.

이전부터 문이 고장 난 걸 알면서도 아무런 조치를 취하지 않은 점장과 회사의 책임을 물어 쉬는 기간에 해당하는 급여만큼의 보상을 요구했다. 문 고장으로 직원이 다친 것에 대한 마음의 짐을 지고 있던 점장과 회사는 무려 두 달간의 휴직과 그동안의 급여 전액을 지급하기로 했다. 그러나 이 일이 다른 직원들의 귀에 들어가자 말이 나오기 시작했다.

"큰 상처도 아닌데 왜 두 달이나 쉬게 해주나요?", "정신적 충

격을 받았다고 하면 뭐든 다 해주는 건가요?", "그녀가 쉬는 동안
에 고생하는 다른 직원들에 대한 보상은 없습니까?" 등 직원들의
불만이 폭발했다. 그렇게 두 달이 지나고 복귀할 줄 알았던 그녀
는 또다시 두려움이 사라지지 않아서 출근을 못 하겠다며 휴직
연장과 급여 지급을 요구해 왔다. 그래서 점장은 고민 끝에 상담
하러 온 것이었다.

가능한 일과 불가능한 일을
냉철하게 표현한다

∞

이번 사례의 경우에는 최초의 대응에 문제가 있었다고 할 수 있다. 손가락을 다친 상황 자체는 확실히 회사 측에도 책임이 있다. 그러나 일주일 정도 치료하면 낫는 상처에 대하여 위로금 명목으로 지급한 10만 엔은 액수가 너무 크다. 게다가 정신적 충격으로 일하러 갈 수 없다고 하는 내용에 대해서는 상처와의 인과관계가 명확하지 않다. 실제로 본인은 노동청에서 이번 사고로 받은 정신적 충격에 대하여 산재보험을 적용받지 못한다는 사실을 알고 있었다. 즉, 노동청이 그녀가 주장하는 정신적 충격은 업무와 연관성이 없다고 판단했다는 의미다.

만약 그녀가 이 결과를 받아들이지 않고 업무와의 연관성을 계속 주장한다면 진단서의 제출 등을 기다린 다음에 대응했어야 했다. 회사도 점장도 가게의 문이 고장 난 바람에 직원이 다쳤다는 사실에 책임감을 느끼고 있는 상황에서 상대방으로부터 강하게 책임을 추궁당하여 요구를 너무 쉽게 받아들인 사례다.

불합리한 요구를 하는 몬스터 부하에게는 '가능한 일'과 '불가능한 일'을 객관적으로 판단하여 단호하게 전달하는 것이 중요하다. 처음부터 불합리한 요구 사항을 받아주면 대부분의 경우에는 점점 더 큰 요구를 한다. 따라서 이 같은 경우 회사의 책임 범위에 대해 미리 전문가와 상담한 다음에 대처할 것을 추천한다. 타당하지 않은 건에 대해서도 쉽게 상대방의 요구를 들어주면 다른 직원에게 영향을 미친다. 그뿐만 아니라 회사에 대한 신뢰까지 잃게 될 수 있다. 회사는 '가능한 일'과 '불가능한 일'을 명확하게 전달해야 한다.

자기 생각을 솔직하게
전달하고 제안한다

∞

사내 연수 등에서 강의를 하다 보면 관리직 직원에게 다양한 고민 상담을 받는다. 그중 대부분이 부하에 관한 고민이다. 업무에 협조하지 않는 부하가 있어서 곤란하다는 고민부터 심리적으로 힘들어하는 부하를 어떻게 대해야 할지 모르겠다는 고민까지. 그 내용은 가지각색이지만 많은 관리직이 부하를 대하는 방법 때문에 고민한다는 사실은 매우 흥미롭다.

회사는 결과를 요구하기 때문에 상사는 부하를 지도하지 않으면 안 된다. 그러나 한편으로는 부하가 직장 내 괴롭힘이라고 하면 어떻게 하지? 같은 걱정 때문에 하고 싶은 말을 제대로 하지 못하고 욕구불만에 빠지는 상사가 의외로 많다는 것에 놀라게 된다.

흔히 동양인은 토론에 약하다는 인식이 있다. 협조를 중시하는 국민성에서 나온 말이기도 하지만, 다른 의견을 제시하는 사람에게 "눈치가 없다", "분란을 조장한다"며 적대시하는 분위기 때문이기도 하다. 그런 상황에서는 서로 의견을 나누기 어렵고 의견을 강요하는 분위기가 되어 건설적인 토론이 되기도 어렵다. 또 의견이 갈리는 상황에서 상대방의 감정이 상하지 않게 본심을 숨기는 경우도 있다.

애당초 건설적인 대화를 나누는 방법을 학교에서 배우지 못했고, 사내 연수 등에서도 대부분 가르쳐 주지 않는다. 자기 생각을 솔직하게 표현하고 또 자신의 의견을 밀어붙이는 방법을 모르기 때문에 부하 직원을 어떻게 대하면 좋을지 고민하는 것이다.

직장 내 괴롭힘에 대해서도 어렴풋한 지식은 있지만, 구체적으로 어떤 말과 행동이 문제가 되는지 그리고 어떠한 지도 방식이 직장 내 괴롭힘으로 보이는지 모르기 때문에 자신의 말과 행동에 자신감을 가지지 못한다. 한편 직장 내 괴롭힘과 일반적인 지도를 명확하게 구분하기 어렵다는 의견도 있다.

한국에서는 2019년 7월 직장 내 괴롭힘 방지법이 시행되었다. '직장 내 괴롭힘이라는 말이 듣기 무서워서 지도하기 어렵다'는 생각이 몬스터 부하를 만들어 내고 또 그들을 부추기는 결과를 낳는다. 무엇보다 그들을 방치하면 관리직으로서의 직무와 책임을 포기하는 것과 마찬가지다. 상사로서 부하에게 자기 생각을 거짓 없이 전달하고, 부하에게 기대하는 바를 솔직하게 전해야 한다.

어쩔 수 없이 해고할 때
이것만은 주의하라

∞

앞서 몬스터 부하에 대응하는 방법을 설명했다. 그러나 때에 따라서는 어쩔 수 없이 해고해야 하는 경우가 생기기도 한다. 상사로서는 최대한 노력했지만, 사태가 점점 나빠지는 경우에는 해고라는 선택지도 고려해야 한다.

해고는 법적으로 매우 까다로운 절차를 통해야 하며 신중하게 진행하지 않으면 큰 문제로 발전할 가능성도 있다. 무엇보다도 사실의 기록과 정해진 절차에 따라 순서대로 진행하는 것이 중요하다. 해고를 염두에 두고 있는 경우에는 다음 4개의 사항에 주의하면서 신중하게 진행할 필요가 있다.

해고할 충분한 이유가 있을 것

해고에 대해서는 해고권 남용 금지를 법률로 정하고 있다. 객관적으로 합리적인 이유 없이 사회 통념상 해고가 합당하다고 인정되지 않는 경우는 그 권리를 남용한 것으로 보고 무효로 한다.

합리적인 이유가 없고 사회 통념상으로도 합당하다고 인정되지 않으면 해고 자체가 무효라는 의미다. 여기서 말하는 객관적이고 합리적인 이유, 사회 통념상 합당하다고 판단되는 행위가 어느 정도의 행위인지는 각 사례별로 따져봐야 하는 문제다. 따라서 일괄적으로 '이런 경우에는 OK'라고 판단하기 어렵다.

또 해고에 이르기 전까지 문제 행위에 대해서 회사가 개선을 위해 얼마나 성의껏 지도를 해왔는지 그 경위도 중시된다. 회사가 반복해서 지도했음에도 불구하고 개선되지 않았다는 사실을 입증하는 것이 필요하다. 그래서 문제 행동에 대해서는 문제 행동이 있을 때마다 지도하고 그 내용을 기록으로 남겨두는 것이 중요하다.

취업규칙 등에서 정한 해고 사유에 해당할 것

해고할 때는 취업규칙 등으로 해고에 관한 규정된 바가 있어야 한다. 일반적인 취업규칙에는 '해고할 수 있는 경우'가 열거되어 있다. 정해진 규정에 해당한 경우에는 해고할 수 있다.

반대로 취업규칙에 기재되어 있는 해고 사유에 해당하지 않는 이유로는 해고할 수 없다. 통상 취업규칙의 해고 사유가 몇 가지 기재되어 있다. 해고를 생각한 경우에는 미리 해당 규칙에 해당하는 사항을 확인할 필요가 있다.

법으로 정한 해고금지 사유에 해당하지 않을 것[1]

법으로 해고할 수 없는 기간 또는 해고 사유가 아닌 사항이 정해져 있다. 예를 들면, "업무상 부상 또는 질병에 의해 휴업한 기간과 그 후 30일 동안 또는 산전·산후의 휴업 기간과 그 후 30일 동안", "국적, 성별, 신앙, 사회적 신분을 이유로 한 해고" 등이 해당한다.

이전에 "남성 직원이 육아 휴직을 신청해서 해고하고 싶다"는 상담을 받은 적이 있다. 자세한 내용을 물어보자 원래도 여러 문제를 일으킨 직원이었다. 그러나 육아 휴직을 신청했다는 이유로 해고할 수는 없다. 상대방에게 문제가 있는 경우라 할지라도 법적으로 해고 금지 사유에 해당하지 않는지 미리 확인할 필요가 있다.

---

1 일본의 노동기준법과 마찬가지로 한국의 근로기준법에도 같은 내용의 법 조항이 있다.

근로기준법에서 정한 절차를 따를 것

해고를 함에 있어서 충분한 이유도 있고, 취업규칙에서 정한 해고 사유에 해당하고 또 법적 해고 금지 사유에 해당하지 않는다고 판단되면 정해진 해고 절차를 따라 진행하게 된다. 근로기준법에 따라 사용자는 근로자를 해고하려면 적어도 30일 전에 해고를 예고해야 한다. 30일 전에 해고 예고를 하지 않았을 때 사용자는 30일분 이상의 통상임금을 지급해야 한다.

다만 천재지변, 그 밖의 부득이한 사유로 사업의 지속이 불가능한 경우, 근로자의 귀책사유로 해고하는 경우에는 그렇지 않다. 그리고 이는 어디까지나 절차상의 규칙일 뿐, 애초 해고에 상당하는 이유가 없으면 해고 자체가 무효가 된다는 점에 주의해야 한다.

앞서 말했다시피 해고는 여러 법률로 규제되어 있고 까다로운 점도 많다. 몬스터 직원을 해고해야 하는 상황이 생기면 전문가와 충분히 상의한 다음에 진행하는 것이 중요하다.

몬스터 직원이
나올 수 없는 조직을 만들어라

지금까지 다양한 몬스터 부하의 사례와 대처 방법을 설명했다. 자, 그렇다면 몬스터 부하는 어디까지나 보는 사람의 관점에서 만들어진다는 사실을 눈치챘는가?

어떤 사람의 말과 행동에 대하여 그 말과 행동이 전혀 거슬리지 않으면 '몬스터'라고 생각하지 않는다. 그 말과 행동에 괴로움을 느끼면 그제서야 "저 사람은 몬스터다!"라고 해석한다. 즉, '몬스터'란 특별히 누군가를 지칭하기보다 어디까지나 받아들이는 쪽의 해석일 뿐이다. 그들을 받아들이는 사람이 달라지면 그 사람의 말과 행동이 '몬스터'로 해석되지 않을 가능성이 있다.

어떤 상사의 밑에서는 '몬스터 부하'였던 사람이 다른 상사의 밑으로 이동하면 '평범한 부하'가 된다. 이는 새로운 상사의 영향을 받아서 변한 것일 수도 있다. 그러나 실제로 그 사람은 변하지 않았는데 상사에 따라 평범한 부하로 인식되는 경우가 꽤 있다. 상사뿐만 아니라 다른 회사로 이직하자 갑자기 평범한 부하가 되는 일도 있다. 물론 '몬스터'로 불리게 된 배경에는 많은 사람이 받아들이기 어려운 문제 행위가 있었겠지만, 이 역시 나라나 사회 분위기가 달라지면 문제가 되지 않을 수도 있다.

세상은 다양한 가치관을 가진 사람들로 이루어져 있고 각자의 가치관에 따라 행동한다. 자신이 받아들이기 어려운 가치관을 가진 사람도 많기 때문에 그러한 차이에 고민하거나 반발하기도 한다. 때로는 충돌하여 거리를 두기도 하고 미워하기도 하지만 이러한 과정을 통해 서로를 이해하며 받아들인다.

한 사회는 인간관계나 조직을 원활하게 운영하기 위해 대다수의 사람들이 '상식', '양심', '공통 감각'을 공유할 필요가 있다. 그 틀을 크게 벗어나게 되면 사회에서 받아들여지지 못하고 '몬스터 직원'이란 이름으로 배제되기 쉽기 때문이다.

그러나 그러한 사람들도 애초 '몬스터'로 태어난 것이 아니다. 여러 경험을 통해 사람을 믿지 못하거나 자신감을 잃어버리고 불안해하다가 자신이 있을 곳을 찾지 못해 문제 행동을 일으키게 되었을 뿐이다. 그러므로 그들이 자신의 문제를 깨닫고 바뀔 가능성이 아예 없는 것도 아니다.

회사라는 조직 안에서 그 회사와 맞지 않는 가치관을 가진 몬스터 부하는 조직을 지키기 위해서라도 조치를 취해야 하지만, 그들의 인간성까지 부정하는 사회가 되어서는 안 된다. 어떤 몬스터 직원이라도 사람으로서 존중하는 마음을 가지고 대할 필요가 있다.

가령 대부분 사람이 일반적으로 '상식'이라고 여기는 범위를 벗어난 가치관을 가지고 있다 하더라도 살아가면서 자신의 문제를 알아채고, 그들이 진정으로 의미가 있는 인생의 가치를 찾길 바란다. 누구나 자기 자신의 삶을 더욱 가치 있게 만드는 선택을 할 수 있고 능력을 발휘할 수 있는 사회가 실현되도록 모두 함께 진지하게 고민하는 것이 가장 좋은 몬스터 직원 방지 대책이다.

몬스터 직원 대처법

초판 1쇄   2020년 12월 15일

지은이   이시카와 히로코
펴낸이   서정희
펴낸곳   매경출판㈜
옮긴이   오성원
책임편집   정혜재
마케팅   신영병 이진희 김예인
디자인   김보현 이은설

매경출판㈜
등록   2003년 4월 24일(No. 2-3759)
주소   (04557) 서울시 중구 충무로 2(필동1가) 매일경제 별관 2층 매경출판㈜
홈페이지   www.mkbook.co.kr
전화   02)2000-2641(기획편집) 02)2000-2636(마케팅) 02)2000-2606(구입 문의)
팩스   02)2000-2609   **이메일**   publish@mk.co.kr
인쇄 · 제본   ㈜M-print 031)8071-0961
ISBN   979-11-6484-202-5(03320)

책값은 뒤표지에 있습니다.
파본은 구입하신 서점에서 교환해 드립니다.